Iman: Dasar dari Segala Sesuatu yang Kita Harapkan

Dr. Jaerock Lee

*"Iman adalah dasar dari segala sesuatu
yang kita harapkan dan bukti dari segala sesuatu yang tidak kita lihat.
Sebab oleh imanlah telah diberikan kesaksian kepada nenek moyang kita.
Karena iman kita mengerti,
bahwa alam semesta telah dijadikan oleh firman Allah,
sehingga apa yang kita lihat telah terjadi dari apa
yang tidak dapat kita lihat."*
(Ibrani 11:1, 6)

Iman: Dasar dari Segala Sesuatu yang Kita Harapkan
oleh Dr. Jaerock Lee
Diterbitkan oleh Urim Books (Perwakilan: Seongnam Vin)
73, Yeouidaebang-ro 22-gil, Dongjak-Gu, Seoul, Korea
www.urimbooks.com

Semua Hak dilindungi oleh UU Buku ini atau bagian dari isinya tidak boleh diproduksi ulang dalam bentuk apapun, disimpan dalam sistem penarikan, atau disebarkan dalam bentuk apapun atau secara elektronik, mekanik, fotokopi, rekaman atau lainnya, tanpa meminta ijin sebelumnya dari penerbit.

Hak Cipta © 2018 oleh Dr. Jaerock Lee
ISBN: 979-11-263-0450-9   03230
Hak Cipta Terjemahan © 2010 oleh Dr. Esther K. Chung. Digunakan dengan izin.

Sebelumnya diterbitkan ke dalam bahasa Korea oleh Urim Books tahun 1990

Diterbitkan pertama kali pada bulan Oktober 2018

Diedit oleh Dr. Geumsun Vin
Dirancang oleh Biro Editorial Urim Books
Dicetak oleh Perusahaan Percetakan Prione
Untuk keterangan lebih lanjut silakan mengunjungi: urimbook@hotmail.com

Kata Pengantar

Di atas segalanya, saya memberikan segala syukur dan kemuliaan kepada Allah Bapa yang telah memimpin kami untuk menerbitkan buku ini.

Allah, yang adalah Kasih, telah memberikan Anak-Nya yang tunggal, Yesus Kristus, sebagai korban penebusan bagi umat manusia yang harus menghadapi maut karena dosa mereka sejak ketidaktaatan Adam dan membuat jalan keselamatan bagi kita. Dengan beriman pada hal ini, siapa pun yang membuka hatinya dan menerima Yesus Kristus sebagai Juru Selamatnya akan diampuni dari dosa-dosanya, menerima karunia Roh Kudus, dan diakui sebagai anak Allah oleh-Nya. Dan lagi, sebagai anak Allah ia berhak untuk menerima jawaban terhadap apa pun yang ia minta dengan iman. Hasilnya adalah hidup yang berkelimpahan dan tidak kekurangan apa pun, dan ia akan mampu untuk menang terhadap dunia.

Alkitab mengatakan kepada kita bahwa para bapa iman

percaya pada kuasa Allah untuk menciptakan sesuatu dari ketiadaan. Mereka dapat mengalami pekerjaan Allah yang luar biasa. Allah kita tetap sama kemarin, hari ini, dan esok hari, dan dengan kemahakuasaan-Nya Ia melakukan pekerjaan yang sama bagi orang-orang yang percaya dan melakukan firman Allah yang tertulis di dalam Alkitab.

Di dalam pelayanan saya selama satu dekade belakangan, saya telah menyaksikan begitu banyak anggota jemaat Manmin yang telah menerima jawaban dan pemecahan berbagai masalah yang pernah mereka alami dalam hidup mereka dengan percaya dan taat pada firman kebenaran dan mereka dapat memberi kemuliaan besar bagi Allah. Saat mereka percaya pada firman Allah yang berkata, *"Kerajaan sorga mengalami kekerasan, dan orang yang keras mengambilnya dengan paksa"* (Matius 11:12), dan mereka telah bekerja keras dan berdoa serta melakukan firman Allah untuk dapat memperoleh iman yang lebih besar, mereka terlihat lebih berharga dan indah bagi saya daripada apa pun juga.

Tulisan ini ditujukan bagi orang-orang yang sangat rindu untuk memiliki hidup berkemenangan dengan memiliki iman sejati untuk memuliakan Allah, menyebarkan kasih Allah dan berbagi injil Tuhan. Selama dua dekade terakhir, saya telah mengkhotbahkan begitu banyak pesan yang berjudul "Iman" dan dengan memilih dari antara khotbah-khotbah itu dan menyuntingnya dengan urutan, buku ini dapat diterbitkan. Saya berharap agar buku ini, *Iman: Dasar dari Segala Sesuatu yang Kita Harapkan,* dapat memainkan peranan sebagai mercusuar yang bertindak sebagai panduan pada iman sejati bagi jiwa-jiwa.

Angin bertiup kemana ia inginkan, dan itu tidak bisa kita lihat dengan mata kita. Namun, saat kita melihat daun-daun di pohon bergerak oleh angin, kita dapat melihat keberadaan angin itu. Dengan tanda yang sama, walaupun Anda tidak dapat sungguh-sungguh melihat Allah dengan mata telanjang, Allah itu hidup dan sungguh ada. Itulah sebabnya sesuai dengan iman Anda kepada Dia, sampai tingkat yang Anda inginkan, Anda akan dapat untuk melihat Dia, mendengar Dia, melihat hadirat-Nya dan mengalami Dia.

Jaerock Lee

Daftar Isi

Dasar dari Segala Sesuatu yang Kita Harapkan

Kata Pengantar

Bab 1
Iman Kedagingan dan Iman Rohani   1

Bab 2
Keinginan Daging Adalah Perseteruan Terhadap Allah   15

Bab 3
Hancurkan Segala Macam Pikiran dan Teori   33

Bab 4
Taburlah Benih Iman   49

Bab 5
"'Jika Engkau dapat?' Tiada yang Mustahil!"   65

Bab 6
Daniel Bersandar Hanya kepada Allah   81

Bab 7
Allah Menyediakan Terlebih Dulu   95

Bab 1

Iman Kedagingan dan Iman Rohani

"Iman adalah dasar dari segala sesuatu
yang kita harapkan dan bukti dari segala sesuatu
yang tidak kita lihat.
Sebab oleh imanlah telah diberikan
kesaksian kepada nenek moyang kita.
Karena iman kita mengerti,
bahwa alam semesta telah dijadikan oleh firman Allah,
sehingga apa yang kita lihat telah terjadi
dari apa yang tidak dapat kita lihat."

Ibrani 11:1-3

Seorang pendeta senang melihat jemaatnya memiliki iman sejati dan memuliakan Allah dengan iman sejati. Di satu sisi, saat sebagian dari mereka bersaksi tentang Allah yang hidup dan menyaksikan hidup mereka di dalam Kristus, sang pendeta dapat bersukacita dan semakin tekun dalam pelayanan yang ditugaskan oleh Allah. Di sisi lain, saat sebagian yang lain gagal meningkatkan iman mereka dan jatuh ke dalam pencobaan dan penderitaan, sang pendeta merasakan duka itu dan bersusah hati.

Tanpa iman, bukan hanya mustahil Anda berkenan kepada Allah dan menerima jawaban-Nya atas doa Anda, tapi juga akan sulit bagi Anda untuk memiliki pengharapan akan surga dan menjalani kehidupan iman yang benar.

Iman rohani adalah dasar terpenting dalam kehidupan Kristen. Iman adalah jalan pintas menuju keselamatan dan kebutuhan yang sangat utama dalam menerima jawaban Allah. Pada masa kita, karena orang tidak tahu mengenai definisi iman yang benar, banyak orang gagal untuk memiliki iman sejati. Mereka gagal memiliki kepastian akan keselamatan. Mereka gagal untuk berjalan di dalam terang dan gagal untuk menerima jawaban Allah walaupun mereka mengakui iman mereka kepada Allah.

Iman dibagi ke dalam dua kategori. Iman Kedagingan dan Iman Rohani. Bab pertama ini akan menjelaskan kepada Anda tentang apa itu iman sejati dan bagaimana Anda bisa menerima jawaban Allah dan dituntun ke jalan menuju kehidupan kekal melalui iman sejati.

1. Iman Kedagingan

Apabila Anda percaya kepada apa yang dilihat oleh mata Anda dan kepada hal-hal yang sesuai dengan pemikiran dan pengetahuan Anda, iman Anda adalah tipe yang disebut "iman kedagingan." Dengan iman kedagingan ini Anda hanya bisa menerima hal-hal yang terbuat dari benda-benda yang terlihat. Sebagai contoh, dengan iman kedagingan ini Anda percaya bahwa meja terbuat dari kayu.

Iman kedagingan juga disebut dengan "iman sebagai pengetahuan." Dengan iman kedagingan ini, Anda percaya bahwa apa yang selaras dengan pengetahuan disimpan di dalam otak dan pemikiran Anda. Anda bisa percaya tanpa ragu bahwa meja terbuat dari kayu karena Anda telah melihat atau mendengar tentang meja dibuat dari kayu dan memiliki pemahaman akan hal itu.

Manusia memiliki sistem memori di dalam otak. Mereka memasukkan berbagai jenis pengetahuan ke dalamnya sejak lahir. Mereka menyimpan ke dalam sel otak mereka pengetahuan yang telah mereka lihat, dengar, dan peroleh melalui orangtua, saudara laki-laki dan perempuan, teman-

teman, dan sesama mereka dan mereka diajari di sekolah, dan menggunakan pengetahuan yang tersimpan itu manakala perlu.

Tidak semua pengetahuan yang tersimpan di dalam otak mereka benar. Firman Allah adalah kebenaran karena tetap selamanya, sedangkan pengetahuan yang berasal dari dunia mudah berubah dan merupakan campuran antara kebenaran dan ketidakbenaran. Karena mereka tidak memiliki pemahaman penuh akan kebenaran, orang dunia tidak menyadari bahwa ketidakbenaran sedang disalahgunakan seakan-akan adalah kebenaran. Sebagai contoh, mereka percaya bahwa teori evolusi benar karena mereka hanya mempelajari tentang teori evolusi di sekolah tanpa mengetahui firman Allah.

Orang-orang yang hanya diajari tentang fakta bahwa benda-benda terbuat dari sesuatu yang telah ada tidak bisa percaya bahwa sesuatu tercipta dari ketiadaan.

Jika seorang manusia yang memiliki iman kedagingan didesak untuk percaya bahwa sesuatu tercipta dari ketiadaan, pengetahuan yang ia simpan dan ia percayai sebagai kebenaran sejak ia lahir akan mencegahnya untuk percaya, dan keraguan ada di dalam dirinya dan ia tidak mampu untuk percaya.

Dalam kitab Yohanes pasal ketiga, seorang pemimpin agama Yahudi yang bernama Nikodemus datang kepada Yesus dan bercakap-cakap tentang hal-hal rohani dengan-Nya. Selama pembicaraan, Yesus menantang dia dengan berkata, *"Kamu tidak percaya, waktu Aku berkata-kata dengan kamu tentang hal-hal duniawi, bagaimana kamu akan percaya, kalau Aku berkata-kata dengan kamu tentang hal-hal sorgawi?"* (ayat 12)

Ketika Anda memulai kehidupan Kristen Anda, Anda menyimpan menyimpan pengetahuan akan firman Allah sebanyak yang Anda dengar. Tapi Anda tidak bisa percaya sepenuhnya sedari awal, dan iman Anda termasuk iman kedagingan. Dengan iman kedagingan ini, keraguan muncul dalam diri Anda dan Anda tidak mampu hidup menurut firman Allah, gagal berkomunikasi dengan Allah, dan gagal menerima kasih-Nya. Itulah sebabnya iman kedagingan juga disebut "iman tanpa perbuatan," atau "iman yang mati."

Anda tidak bisa diselamatkan dengan iman kedagingan. Yesus berkata di dalam Matius 7:21, *"Bukan setiap orang yang berseru kepada-Ku: Tuhan, Tuhan! akan masuk ke dalam Kerajaan Sorga, melainkan dia yang melakukan kehendak Bapa-Ku yang di sorga"* dan dalam Matius 3:12, *"Alat penampi sudah ditangan-Nya. Ia akan membersihkan tempat pengirikan-Nya dan mengumpulkan gandum-Nya ke dalam lumbung, tetapi debu jerami itu akan dibakar-Nya dalam api yang tidak terpadamkan."* Singkat kata, jika Anda tidak melakukan firman Allah dan ternyata iman Anda adalah iman tanpa perbuatan, maka Anda tidak bisa memasuki kerajaan surga.

2. Iman Rohani

Apabila Anda percaya pada hal-hal yang tidak terlihat dan hal-hal yang di luar pikiran dan pengetahuan manusia, Anda bisa disebut memiliki iman rohani. Dengan iman rohani ini Anda bisa percaya bahwa sesuatu dibuat dari ketiadaan.

Mengenai iman rohani, Ibrani 11:1 mendefinisikannya sebagai berikut: *"Iman adalah dasar dari segala sesuatu yang kita harapkan dan bukti dari segala sesuatu yang tidak kita lihat."* Dengan kata lain, apabila Anda melihat hal-hal dengan mata rohani, maka hal tersebut menjadi kenyataan bagi Anda dan apabila Anda melihat apa yang tidak tampak dengan mata rohani, keyakinan yang membuat Anda percaya dinyatakan. Dalam iman rohani apa yang tidak bisa dilakukan dengan iman kedagingan, yang dikenal sebagai "iman pengetahuan", akan dibuat mungkin dan dinyatakan sebagai sebuah realita.

Sebagai contoh, saat Musa melihat dengan iman rohani, Laut Merah terbelah dua dan bangsa Israel menyeberanginya di atas tanah kering (Keluaran 14:21-22). Dan ketika Yosua, penerus Musa, dan umatnya melihat kota Yerikho dan berjalan mengelilinginya selama tujuh hari dan kemudian bersorak di tembok kota, kota itu jatuh (Yosua 6:12-20). Abraham, bapa iman, bisa menaati perintah Allah dan mempersembahkan anak tunggalnya, Ishak, yang merupakan benih janji Allah karena ia percaya bahwa Allah mampu membangkitkan manusia dari kematian (Kejadian 22:3-12). Inilah sebabnya mengapa iman rohani disebut "iman yang disertai perbuatan," dan "iman yang hidup."

Ibrani 11:3 berkata, *"Karena iman kita mengerti, bahwa alam semesta telah dijadikan oleh firman Allah, sehingga apa yang kita lihat telah terjadi dari apa yang tidak dapat kita lihat."* Surga dan bumi dan segala sesuatu yang ada di dalamnya termasuk matahari, bulan, bintang-bintang, pepohonan, burung-burung, ikan, dan binatang buas diciptakan oleh firman Allah dan Ia membentuk manusia dari tanah. Semua itu diciptakan dari ketiadaan, dan kita bisa percaya dan memahami fakta ini hanya dengan iman rohani.

Tidak semua yang tampak oleh mata kita merupakan realitas, namun dengan kuasa Allah, yaitu melalui firman-Nya, segala sesuatu diciptakan. Itulah sebabnya kita mengaku bahwa Allah Mahakuasa dan Mahatahu, dan dari Allah kita bisa menerima apa pun yang kita minta dengan iman. Itu karena Allah Yang Mahakuasa adalah Bapa kita dan kita adalah anak-anak-Nya, sehingga semuanya terjadi kepada kita sebagaimana yang kita percayai.

Untuk menerima dan mengalami mujizat dengan iman, Anda harus mengubah iman kedagingan Anda menjadi iman rohani. Petama-tama, Anda harus memahami bahwa pengetahuan yang tersimpan di otak Anda sejak Anda lahir dan iman kedagingan terbentuk berdasarkan pengetahuan itu mencegah Anda untuk memiliki iman rohani. Anda harus meruntuhkan pengetahuan yang menimbulkan keraguan, dan mengenyahkan pengetahuan yang secara menyesatkan tersimpan di dalam otak Anda. Semakin banyak Anda mendengar dan memahami firman Allah, pengetahuan roh semakin banyak disimpan dalam diri Anda dan sampai Anda menyaksikan tanda-tanda dan mujizat disingkapkan oleh kuasa Allah dan mengalami bukti-bukti Allah yang hidup yang dinyatakan melalui banyak kesaksian orang percaya, keraguan disingkirkan dan iman rohani Anda tumbuh.

Seiring iman rohani Anda bertumbuh, Anda bisa hidup menurut firman Allah, memiliki komunikasi dengan Dia, dan menerima jawaban dari pada-Nya. Apabila keraguan Anda sepenuhnya disingkirkan, Anda bisa berdiri di atas batu karang iman dan akan memiliki iman yang kuat dimana Anda bisa mengalami kehidupan yang berkemenangan di dalam setiap pencobaan dan ujian.

Dengan batu karang iman ini, Yakobus 1:6 memperingatkan kita, *"Hendaklah ia memintanya dalam iman, dan sama sekali jangan bimbang, sebab orang yang bimbang sama dengan gelombang laut, yang diombang-ambingkan kian ke mari oleh angin,"* dan Yakobus 2:14 bertanya kepada kita, *"Apakah gunanya, saudara-saudaraku, jika seorang mengatakan, bahwa ia mempunyai iman, padahal ia tidak mempunyai perbuatan? Dapatkah iman itu menyelamatkan dia?"*

Karena itu, saya mendorong Anda untuk mengingat bahwa hanya apabila Anda membuang segala keraguan, berdiri di atas batu karang iman dan menunjukkan perbuatan-perbuatan iman, Anda bisa memiliki iman rohani dan sejati dengan mana Anda bisa diselamatkan.

3. Iman Sejati dan Kehidupan Kekal

Perumpamaan tentang sepuluh gadis di dalam Matius pasal 25 memberikan banyak pengajaran kepada kita. Perumpamaan itu berkata bahwa sepuluh gadis itu mengambil pelita mereka dan keluar untuk menyongsong mempelai mereka. Lima di antara mereka berlaku bijaksana dengan membawa persediaan minyak dalam buli-buli bersama pelita mereka dan berhasil menyongsong sang mempelai, namun karena lima gadis lainnya bodoh dan tidak membawa minyak bersama pelita mereka, mereka tidak bisa menjumpai sang mempelai. Perumpamaan ini menjelaskan kepada kita bahwa orang percaya yang menjalani kehidupan dalam iman percaya dan mempersiapkan kedatangan Allah dengan iman rohani akan diselamatkan, sedangkan orang lain yang tidak mempersiapkan dengan baik tidak akan bisa memperoleh keselamatan karena iman mereka adalah iman yang mati yang tidak disertai oleh perbuatan.

Melalui Matius 7:22-23, Yesus membukakan mata kita bahwa sekalipun banyak yang telah bernubuat, mengusir setan, dan melakukan mujizat di dalam nama-Nya, tidak semua dari mereka bisa diselamatkan. Itu karena ternyata mereka adalah sekam yang tidak melakukan kehendak Allah melainkan melakukan pelanggaran hukum dan berbuat dosa.

Bagaimana kita bisa membedakan antara gandum dan sekam?

The Compact Oxford English Dictionary merujuk pada 'sekam' sebagai 'cangkang luar bulir gandum atau biji lain yang dipisahkan dengan menampi atau mengirik.' Secara rohani sekam melambangkan orang percaya yang kelihatannya hidup menurut firman Allah namun melakukan kejahatan tanpa mengubah hati mereka oleh kebenaran. Mereka pergi ke gereja setiap hari Minggu, memberikan persepuluhan, berdoa kepada Allah, memelihara jemaat yang lemah dan melayani jemaat, tapi mereka melakukan semuanya bukan di hadapan Allah melainkan untuk pamer di depan mata orang-orang di sekitar mereka. Itulah sebabnya mereka dikategorikan sebagai sekam dan tidak bisa menerima keselamatan.

Gandum merujuk kepada orang percaya yang berubah menjadi manusia rohani melalui firman kebenaran Allah dan memiliki iman yang tidak tergoyahkan dalam segala keadaan dan tidak menyimpang ke kanan atau ke kiri. Mereka melakukan segalanya dengan iman. Mereka berpuasa dan berdoa kepada Allah dengan iman agar mereka bisa menerima jawaban Allah. Mereka tidak bertindak atas paksaan orang lain, melainkan melakukan segala sesuatu dengan sukacita dan ucapan syukur. Karena mereka mengikuti suara Roh Kudus untuk menyenangkan Allah dan bertindak dalam iman, maka jiwa mereka baik-baik saja, semua yang mereka lakukan berjalan baik dan mereka menikmati kesehatan yang baik.

Sekarang saya mendorong Anda untuk memeriksa diri Anda apakah Anda telah menyembah Allah dalam roh dan kebenaran atau mengantuk dan mengikuti kemalasan dan menghakimi firman Allah selama kebaktian-kebaktian penyembahan. Anda juga harus melihat ke belakang dan lihat apakah Anda telah memberikan persembahan dengan sukacita atau menabur hanya setengah-setengah atau dengan tidak rela karena tatapan mata orang lain. Semakin kuat iman rohani Anda bertumbuh, perbuatan-perbuatan akan semakin menyertai Anda. Dan seiring Anda melakukan firman Allah, iman yang hidup diberikan kepada Anda, dan Anda akan berdiam dalam kasih dan berkat Allah, bergaul bersama Allah, dan berhasil dalam segala hal. Semua berkat-berkat yang tertulis di dalam Alkitab akan mendatangi Anda karena Allah setia pada janji-janji-Nya seperti yang tertulis di dalam Bilangan 23:19, *"Allah bukanlah manusia sehingga Ia berdusta, bukan anak manusia sehingga Ia menyesal. Masakan Ia berfirman dan tidak melakukannya, atau berbicara dan tidak menepatinya?"*

Namun, jika Anda telah menghadiri kebaktian penyembahan dan berdoa secara rutin dan melayani jemaat dengan tekun tapi tidak menerima keinginan hati Anda, maka

Anda harus mengerti bahwa ada yang salah dengan Anda.

Jika Anda memiliki iman yang sejati, Anda harus mengikuti dan melakukan firman Allah. Daripada memaksakan pemikiran dan pengetahuan Anda sendiri, Anda harus mengakui bahwa hanya firman Allah yang merupakan kebenaran dan berani menghancurkan apa saja yang bertentangan dengan firman Allah. Anda harus membuang semua bentuk kejahatan dan dengan tekun mendengarkan firman Allah serta menyempurnakan pengudusan melalui doa yang tak putus-putusnya.

Tidak benar bahwa Anda diselamatkan hanya dengan menghadiri ibadah gereja dan melalui mendengarkan firman Allah serta menyimpannya sebagai pengetahuan. Kecuali Anda melakukannya dengan perbuatan, maka iman Anda itu adalah iman yang mati tanpa perbuatan. Hanya apabila Anda memiliki iman rohani sejati dan melakukan kehendak Allah, Anda akan bisa memasuki kerajaan surga dan menikmati kehidupan kekal.

Semoga Anda menyadari bahwa Anda harus memiliki iman rohani yang disertai oleh perbuatan, dan menikmati kehidupan kekal dan keistimewaan anak-anak Allah dengan iman sejati!

Bab 2

Keinginan Daging Adalah Perseteruan Terhadap Allah

"Sebab mereka yang hidup menurut daging,
memikirkan hal-hal yang dari daging;
mereka yang hidup menurut Roh,
memikirkan hal-hal yang dari Roh.
Karena keinginan daging adalah maut,
tetapi keinginan Roh adalah hidup dan damai sejahtera.
Sebab keinginan daging adalah perseteruan terhadap Allah,
karena ia tidak takluk kepada hukum Allah;
hal ini memang tidak mungkin baginya.
Mereka yang hidup dalam daging,
tidak mungkin berkenan kepada Allah."

Roma 8:5-8

Kini ada begitu banyak orang yang datang ke gereja dan mengakui iman mereka kepada Yesus Kristus. Ini merupakan kabar baik bagi kita. Tapi Tuhan Yesus berkata dalam Matius 7:21, *"Bukan setiap orang yang berseru kepadaku, Tuhan, Tuhan, akan masuk ke dalam kerajaan surga, melainkan dia yang melakukan kehendak Bapa ku yang di surga."* Dan Ia menambahkan dalam Matius 7:22-23, *"Pada hari terakhir banyak orang akan berseru kepada-Ku, 'Tuhan, Tuhan, bukankah kami bernubuat demi nama-Mu, dan mengusir Setan demi nama-Mu, dan mengadakan banyak mukjizat demi nama-Mu juga?' Pada waktu inilah aku akan berterus terang kepada mereka dan berkata, 'Aku tidak pernah mengenal kamu; enyahlah dari pada-Ku kamu sekalian pembuat kejahatan.'"*

Dan Yakobus 2:26 mengatakan, *"Sebab seperti tubuh tanpa roh adalah mati, demikian jugalah iman tanpa perbuatan-perbuatan adalah mati."* Itulah sebabnya Anda harus membuat iman Anda penuh melalui perbuatan ketaatan sehingga Anda bisa diakui sebagai anak-anak Allah sejati yang menerima apa pun yang dimintanya.

Setelah kita menerima Yesus Kristus sebagai Juru Selamat kita, kita jadi bersuka dan melayani hukum Allah dengan pikiran kita. Namun, jika kita tidak mampu memegang perintah Allah, maka kita melayani hukum dosa dengan daging kita dan kita tidak berkenan kepada-Nya. Itu karena dengan pemikiran kedagingan kita berada dalam perseteruan dengan Allah dan tidak mampu menjadi subyek hukum Allah.

Tapi jika kita membuang pikiran kedagingan dan mengikuti pikiran rohani, kita bisa dipimpin oleh Roh Allah, memegang perintah-Nya dan berkenan kepada-Nya sebagaimana Yesus menggenapi hukum taurat dengan kasih. Dengan demikian, janji Allah yang berkata, "Tidak yang mustahil bagi orang percaya," berlaku bagi kita.

Sekarang marilah kita menyelidiki apa perbedaan antara pikiran kedagingan dan pikiran rohani. Mari kita lihat mengapa pikiran kedagingan adalah perseteruan dengan Allah, dan bagaimana kita bisa menghindari pikiran kedagingan dan berjalan sesuai dengan Roh agar berkenan kepada Allah.

1. Manusia Daging Memikirkan Keinginan Daging, sedangkan Manusia Rohani Menginginkan Hal-Hal Rohani

1) Daging dan Keinginan Daging

Di dalam Alkitab kita menemukan istilah seperti 'daging', 'hal-hal kedagingan,' 'keinginan daging,' dan 'pekerjaan daging.' Kata-kata tersebut memiliki pengertian yang mirip, dan semua jadi membusuk dan lenyap setelah kita meninggalkan dunia ini.

Perbuatan/pekerjaan daging tertulis di dalam Galatia 5:19-21, *"Perbuatan daging telah nyata, yaitu: Percabulan, kecemaran, hawa nafsu, penyembahan berhala, sihir, perseteruan, perselisihan, iri hati, amarah, kepentingan diri sendiri, percideraan, roh pemecah, kedengkian, kemabukan, pesta pora dan sebagainya, terhadap semuanya itu kuperingatkan kamu, seperti yang telah kubuat dahulu, bahwa barangsiapa melakukan hal-hal yang demikian, ia tidak akan mendapat bagian dalam Kerajaan Allah."*

Dalam Roma 13:12-14, rasul Paulus memperingatkan kita akan keinginan daging, dengan berkata, *"Hari sudah jauh malam, telah hampir siang. Sebab itu marilah kita menanggalkan perbuatan-perbuatan kegelapan dan mengenakan perlengkapan senjata terang! Marilah kita hidup dengan sopan, seperti pada siang hari, jangan dalam pesta pora dan kemabukan, jangan dalam percabulan dan hawa nafsu, jangan dalam perselisihan dan iri hati. Tetapi kenakanlah Tuhan Yesus Kristus sebagai perlengkapan senjata terang dan janganlah merawat tubuhmu untuk memuaskan keinginannya."*

Kita memiliki sebuah akal budi dan kita memiliki pikiran-pikiran. Ketika kita menyimpan keinginan dosa dan ketidakbenaran di dalam pikiran kita, keinginan dan ketidakbenaran itu disebut "keinginan daging," dan saat keinginan dosa itu nyata dalam perbuatan, disebut "perbuatan daging." Keinginan dan perbuatan daging bertentangan dengan kebenaran, jadi tak seorang pun yang hidup di dalamnya akan mewarisi kerjaan Allah.

Karena itu, Allah memperingatkan kita dalam 1 Korintus 6:9-10, *"Atau tidak tahukah kamu, bahwa orang-orang yang tidak adil tidak akan mendapat bagian dalam kerajaan Allah? Janganlah sesat! Orang cabul, penyembah berhala, orang berzinah, banci, orang pemburit, pencuri, orang kikir, pemabuk, pemfitnah dan penipu tidak akan mendapat bagian dalam Kerajaan Allah.,"* dan juga dalam 1 Korintus 3:16-17, *"Tidak tahukah kamu, bahwa kamu adalah bait Allah dan bahwa Roh Allah diam di dalam kamu? Jika ada orang yang membinasakan bait Allah, maka Allah akan membinasakan dia. Sebab bait Allah adalah kudus dan bait Allah itu ialah kamu."*

Seperti yang disebutkan di ayat bacaan di atas, Anda harus menyadari bahwa orang fasik yang melakukan dosa dan kejahatan dalam perbuatan tidak bisa mewarisi kerajaan Allah – mereka yang melakukan perbuatan daging tidak bisa diselamatkan. Berjaga-jagalah agar tidak jatuh ke dalam godaan para pengkhotbah yang berkata bahwa kita bisa diselamatkan hanya dengan menghadiri kebaktian di gereja. Di dalam nama Tuhan saya memohon agar Anda jangan jatuh ke dalam pencobaan dengan memeriksa firman Allah secara seksama.

2) Roh dan Keinginan Roh

Manusia terdiri dari roh, jiwa, dan tubuh, dan tubuh kita akan binasa. Tubuh hanyalah rumah bagi roh dan jiwa. Roh dan jiwa adalah kesatuan yang tidak dapat binasa yang memimpin operasi pikiran kita dan memberi kita kehidupan.

Roh dibagi ke dalam dua kategori. Roh yang berasal dari Allah dan roh yang bukan berasal dari Allah Itulah sebabnya 1 Yohanes 4:1 berkata, *"Saudara-saudaraku yang kekasih, janganlah percaya akan setiap roh, tetapi ujilah roh-roh itu, apakah mereka berasal dari Allah; sebab banyak nabi-nabi palsu yang telah muncul dan pergi ke seluruh dunia."*

Roh Allah membantu kita mengakui bahwa Yesus Kristus telah datang dalam daging dan memimpin kita untuk mengetahui hal-hal yang diberikan Allah kepada kita dengan cuma-cuma (1 Yohanes 4:2 ;1 Korintus 2:12).

Yesus berkata dalam Yohanes 3:6, *"Apa yang dilahirkan oleh daging, adalah daging, dan apa yang dilahirkan dari Roh, adalah roh."* Jika kita menerima Yesus Kristus dan menerima Roh Kudus, maka Roh Kudus masuk ke dalam hati kita, menguatkan kita untuk mengerti firman Allah, menolong kita untuk hidup sesuai dengan firman Allah, dan memimpin kita untuk menjadi manusia rohani. Ketika Roh Kudus masuk ke dalam hati kita, Ia membuat roh kita yang mati hidup kembali, sehingga kita disebut dilahirkan kembali oleh Roh dan dikuduskan melalui penyunatan hati.

Tuhan Kita Yesus berkata dalam Yohanes 4:24, *"Allah itu Roh dan barangsiapa menyembah Dia, harus menyembah-*

Nya dalam roh dan kebenaran." Roh berasal dari dunia empat dimensi, dan dengan demikian Allah yang adalah roh tidak hanya melihat hati kita masing-masing tapi juga mengetahui segala hal tentang kita.

Dalam Yohanes 6:63, dikatakan bahwa *"Rohlah yang memberi hidup, daging sama sekali tidak berguna. Perkataan-perkataan yang Kukatakan kepadamu adalah roh dan hidup,"* Yesus menjelaskan kepada kita bahwa Roh Kudus memberikan kehidupan kepada kita dan firman Allah adalah Roh.

Dan Yohanes 14:16-17 berkata, *"Aku akan minta kepada Bapa, dan Ia akan memberikan kepadamu seorang Penolong yang lain, supaya Ia menyertai kamu selama-lamanya, yaitu Roh Kebenaran. Dunia tidak dapat menerima Dia, sebab dunia tidak melihat Dia dan tidak mengenal Dia. Tetapi kamu mengenal Dia, sebab Ia menyertai kamu dan akan diam di dalam kamu."* Jika kita menerima Roh Kudus dan menjadi anak-anak Allah, maka Roh Kudus akan memimpin kita pada kebenaran.

Roh Kudus tinggal di dalam kita setelah kita menerima Tuhan, dan melahirkan roh di dalam kita. Ia memimpin kita pada kebenaran dan membantu kita menyadari semua ketidakbenaran, dan bertobat serta berpaling dari ketidakbenaran tersebut. Jika kita berjalan menentang kebenaran, Roh Kudus merintih, membuat kita bersusah hati, mendorong kita untuk menyadari dosa-dosa kita dan menyempurnakan pengudusan.

Sebagai tambahan, Roh Kudus disebut Roh Allah (1 Korintus 12:3) dan Roh Tuhan (Kisah Para Rasul 5:9; 8:39). Roh Allah adalah Kebenaran abadi dan Roh yang memberikan hidup dan memimpin kita menuju kehidupan kekal.

Di sisi lain, roh yang tidak berasal dari Allah yang tapi bertentangan dengan Roh Allah tidak mengakui bahwa Yesus datang ke dunia ini dalam daging dan disebut 'roh dunia' (1 Korintus 2:12), dan 'roh Antikristus' (1 Timotius 4:3), 'roh penyesat', dan 'roh najis' (Wahyu 16:13). Semua roh itu berasal dari iblis. Mereka tidak berasal dari Roh kebenaran. Roh ketidakbenaran ini tidak memberikan hidup melainkan mendorong orang ke dalam kehancuran.

Roh Kudus mengacu pada Roh Allah yang sempurna, dan dengan demikian ketika kita menerima Yesus Kristus dan menjadi anak-anak Allah, kita menerima Roh Kudus, dan Roh Kudus melahirkan roh dan kebenaran di dalam kita, dan menguatkan kita untuk menghasilkan buah Roh Kudus, kebenaran dan Terang. Saat kita menyerupai Allah melalui pekerjaan Roh Kudus, kita akan dipimpin oleh Dia, disebut anak-anak Allah, dan memanggil Allah "Abba! Bapa!" karena kita menerima roh yang mengadopsi kita sebagai anak-anak (Roma 8:12-15).

Karena itu, seiring kita dipimpin oleh Roh Kudus, kita menghasilkan sembilan buah-buah Roh Kudus yang adalah kasih, sukacita, damai sejahtera, kesabaran, kemurahan, kebaikan, kesetiaan, kelemahlembutan, dan penguasaan diri (Galatia 5:22-23). Kita juga menghasilkan buah kebenaran, dan buah Terang yang terdiri dari semua kebaikan, keadilan dan kebenaran, dengan mana kita bisa meraih keselamatan penuh (Efesus 5:9).

2. Pikiran Daging Membawa Maut, tapi Pikiran Rohani Membawa Hidup dan Damai

Jika Anda menuruti daging, Anda memikirkan hal-hal kedagingan. Anda akan hidup menurut daging dan melakukan dosa. Lalu, sesuai dengan firman Allah yang berkata bahwa "Upah dosa adalah maut", Anda akan dipimpin menuju maut. Itulah sebabnya Tuhan bertanya kepada kita, *"Apakah gunanya, saudara-saudaraku, jika seorang mengatakan, bahwa ia mempunyai iman, padahal ia tidak mempunyai perbuatan? Dapatkah iman itu menyelamatkan dia? Demikian juga halnya dengan iman: Jika iman itu tidak disertai perbuatan, maka iman itu pada hakekatnya adalah mati"* (Yakobus 2:14, 17).

Jika Anda memikirkan daging, itu tidak hanya menyebabkan Anda berdosa dan menderita kesukaran di dunia ini, tapi Anda tidak akan bisa mewarisi kerajaan surga. Jadi, Anda harus mengingat ini dan mematikan perbuatan daging sehingga Anda bisa memperoleh kehidupan kekal (Roma 8:13).

Sebaliknya, jika Anda mengikuti Roh, Anda memikirkan tentang Roh dan berusaha yang terbaik untuk hidup sesuai kebenaran. Maka Roh Kudus akan membantu Anda menawan iblis dan Setan, membuang ketidakbenaran dan berjalan di dalam kebenaran, dan kemudian Anda akan dikuduskan.

Seandainya seseorang menampar pipi Anda tanpa alasan, Anda mungkin merasa marah. Namun Anda bisa mengusir semua pikiran kedagingan dan sebaliknya mengikuti pikiran rohani dengan mengingat penyaliban Yesus. Karena firman Allah mengatakan kepada kita untuk memberikan pipi yang satu lagi bila kita ditampar di salah satu pipi dan untuk selalu bersukacita dalam segala keadaan. Anda bisa memaafkan, menahan dengan sabar, dan memberi pipi satu lagi. Sebagai hasilnya, Anda tidak perlu risau. Dengan begitu Anda bisa memperoleh damai di hati Anda. Hingga Anda dikuduskan, Anda bisa saja ingin mendekati dan menegurnya karena kejahatan yang masih tersisa di dalam Anda. Tapi, setelah Anda membuang segala bentuk kejahatan, Anda akan merasakan kasih terhadap dia walaupun Anda menemukan kesalahan-kesalahannya.

Dengan demikian, jika Anda memikirkan roh, Anda mencari hal-hal rohani dan berjalan di dalam firman kebenaran. Kemudian sebagai hasilnya Anda bisa memperoleh keselamatan dan kehidupan sejati, dan hidup Anda akan dipenuhi oleh damai dan berkat.

3. Pikiran Kedagingan adalah Perseteruan terhadap Allah

Pikiran kedagingan mencegah Anda berdoa kepada Allah, sedangkan pikiran rohani mendorong Anda untuk berdoa kepada-Nya. Pikiran kedagingan menghasilkan permusuhan dan pertengkaran, sedangkan pikiran rohani memimpin pada kasih dan perdamaian. Demikianlah, pikiran kedagingan bertentangan dengan kebenaran, dan sebenarnya merupakan kehendak dan pikiran iblis. Itulah sebabnya jika Anda terus mengikuti pikiran kedagingan, rintangan kepada Allah akan dibangun, dan akan menghalangi jalan kehendak Allah bagi Anda.

Pikiran kedagingan tidak membawa damai tapi hanya kekuatiran, keresahan, dan masalah. Singkat kata, pikiran kedagingan benar-benar tidak berarti dan tidak membawa keuntungan apa pun. Allah Bapa kita adalah Mahakuasa dan Mahatahu, dan sebagai Pencipta berkuasa atas surga dan bumi dan segala sesuatu yang ada di dalamnya, dan juga roh tubuh kita. Apa yang tidak bisa Ia berikan kepada kita anak-anak yang dikasihi-Nya? Jika ayah Anda adalah presiden sebuah grup industri, Anda tidak akan pernah kuatir mengenai uang, dan jika ayah Anda seorang dokter medis yang sempurna, dijamin kesehatan Anda baik.

Sebagaimana dikatakan Yesus dalam Markus 9:23, *"Jika Engkau dapat? Tidak ada yang mustahil bagi orang yang percaya!"* Pikiran rohani membawa iman dan damai kepada Anda, sedangkan pikiran kedagingan mencegah Anda mewujudkan keinginan dan perbuatan Allah dengan memberikan kepada Anda kekuatiran, kegelisahan dan masalah. Itulah sebabnya, mengenai pikiran kedagingan, Roma 8:7 berkata, *"Sebab keinginan daging adalah perseteruan terhadap Allah; karena ia tidak takluk kepada hukum Allah, hal ini memang tidak mungkin baginya."*

Kita adalah anak-anak Allah yang melayani Alalh dan memanggil-Nya "Bapa." Namun jika Anda tidak memiliki sukacita, merasa bersusah hati, berkecil hati, dan kuatir, itu membuktikan bahwa Anda mengikuti pikiran kedagingan yang dipicu oleh setan dan Iblis bukannya mengikuti pikiran rohani yang dianugerahkan Allah. Maka, Anda harus segera bertobat, berbalik, dan mencari keinginan rohani. Itu karena kita hanya bisa menundukkan diri kita kepada Allah dan menaati Dia dengan pikiran rohani.

4. Orang yang Hidup dalam Daging Tidak Berkenan kepada Allah

Orang-orang yang memikirkan kedagingan berada dalam perseteruan dengan Allah dan tidak tunduk serta tidak bisa tunduk pada hukum Allah. Mereka tidak menaati Allah dan tidak bisa menyenangkan-Nya, dan pada akhirnya mengalami pencobaan-pencobaan dan masalah.

Karena Abraham, bapa iman, selalu mengikuti pikiran rohani, ia bisa taat bahkan sekalipun perintah Allah meminta agar anak tunggalnya dipersembahkan sebagai korban bakaran. Sebaliknya, Raja Saul, yang mengikuti pikiran kedagingan, pada akhirnya terbuang; Yunus diterpa badai dahsyat dan ditelan oleh ikan besar; Bangsa Israel harus menderita 40 tahun kehidupan yang sulit di padang gurun setelah Keluaran.

Apabila Anda mengikuti pikiran rohani dan menunjukkan perbuatan iman, Anda akan memperoleh keinginan hati Anda, seperti yang dijanjikan di dalam Mazmur 37:4-6, *"Dan bergembiralah karena TUHAN; maka Ia akan memberikan kepadamu apa yang diinginkan hatimu. Serahkanlah hidupmu kepada TUHAN dan percayalah kepada-Nya, dan Ia akan bertindak; Ia akan memunculkan kebenaranmu seperti terang, dan hakmu seperti siang."*

Siapa saja yang sungguh-sungguh percaya kepada Allah harus menyingkirkan semua ketidaktaatan yang disebabkan oleh pekerjaan iblis, memegang perintah Allah, dan melakukan hal-hal yang berkenan kepada-Nya. Maka ia akan menjadi manusia rohani yang bisa menerima apa saja yang ia minta.

5. Bagaimana Kita Bisa Mengikuti Perbuatan Roh

Yesus, Anak Allah, datang ke dunia ini dan menjadi biji

gandum bagi pendosa dan mati bagi mereka. Ia membuka jalan menuju keselamatan bagi setiap orang yang menerima-Nya untuk menjadi anak-anak Allah, dan telah menuai buah yang tidak terhitung banyaknya. Ia hanya mengejar keinginan rohani dan menaati kehendak Allah, Ia membangkitkan orang mati, menyembuhkan berbagai penyakit dan memperluas kerajaan Allah.

Apa yang harus Anda lakukan untuk meneladani Yesus dan agar berkenan kepada Allah?

Pertama-tama, Anda harus hidup dalam pertolongan Roh Kudus melalui doa.

Jika Anda tidak berdoa, Anda akan berada di bawah pekerjaan Iblis dan hidup menurut keinginan daging. Namun, jika Anda tetap berdoa, Anda bisa menerima pekerjaan Roh Kudus dalam hidup Anda, yakin akan apa itu kebenaran, bermusuhan dengan dosa, bebas dari penghakiman, mengikuti keinginan Roh Kudus dan dibenarkan di mata Allah. Bahkan anak Allah, Yesus, mewujudkan pekerjaan Allah melalui doa. Karena merupakan kehendak Allah untuk tetap berdoa, maka apabila Anda tetap berdoa, Anda bisa menuruti hanya pikiran rohani dan menyenangkan Allah.

Kedua, Anda harus menyelesaikan pekerjaan-pekerjaan rohani sekalipun Anda tidak mau. Iman tanpa perbuatan hanyalah iman sebagai pengetahuan. Itu adalah iman mati.

Apabila Anda tahu apa yang harus Anda lakukan, tapi tidak melakukannya, maka itu adalah dosa. Jadi, jika Anda ingin mengikuti kehendak Allah dan menyenangkan Dia, Anda harus menunjukkan perbuatan-perbuatan iman.

Ketiga, Anda harus bertobat dan menerima kuasa yang dari atas sehingga Anda bisa memiliki iman yang disertai perbuatan. Karena keinginan daging adalah perseteruan dengan Allah, tidak berkenan kepada-Nya, dan membangun dinding dosa antara Allah dan Anda, maka Anda harus bertobat dari keinginan daging dan membuangnya. Pertobatan selalu dibutuhkan untuk kehidupan Kristen yang baik, namun untuk membuangnya Anda harus mengoyakkan hati Anda dan bertobat.

Jika Anda melakukan dosa yang Anda tahu tidak boleh dilakukan, hati Anda merasa gelisah. Saat Anda bertobat dari dosa itu dengan doa penuh air mata, maka kekuatiran dan kegelisahan akan meninggalkan Anda, Anda disegarkan kembali, diperdamaikan dengan Allah, dipulihkan dalam damai sejahtera, dan kemudian Anda bisa menerima keinginan hati Anda. Jika Anda terus berdoa untuk menyingkirkan segala bentuk kejahatan, maka Anda akan bertobat dari dosa-dosa dengan mengoyakkan hati Anda. Atribut-atribut dosa Anda akan dibakar oleh api Roh Kudus, dan dinding dosa dihancurkan. Kemudian, Anda akan bisa hidup menurut pekerjaan Roh dan dengan demikian menyenangkan Allah.

Jika Anda merasa berbeban di dalam hati Anda setelah Anda menerima Roh Kudus melalui iman di dalam Yesus Kristus, itu karena sekarang Anda telah menemukan diri Anda berseteru dengan Allah karena pikiran kedagingan Anda. Jadi, Anda harus menghancurkan dinding dosa melalui doa-doa yang tekun, dan kemudian mengikuti keinginan Roh Kudus dan melakukan pekerjaan-pekerjaan Roh berdasarkan pikiran rohani. Sebagai hasilnya, damai dan sukacita akan memenuhi hati Anda, jawaban-jawaban bagi doa Anda akan diberikan dan keinginan hati Anda terpenuhi.

Sebagaimana Yesus berkata dalam Markus 9:23, *"Jika Engkau dapat? Tidak ada yang mustahil bagi orang yang percaya!"* semoga setiap Anda membuang pikiran-pikiran kedagingan yang menentang Allah dan berjalan dalam iman seturut pekerjaan Roh Kudus sehingga Anda menyenangkan Allah, melakukan pekerjaan-Nya yang tidak terbatas, dan memperbesar kerajaan-Nya, di dalam nama Tuhan kita Yesus Kristus saya berdoa!

Bab 3

Hancurkan Segala Macam Pikiran dan Teori

"Memang kami masih hidup di dunia,
tetapi kami tidak berjuang secara duniawi,
karena senjata kami dalam perjuangan bukanlah senjata duniawi,
melainkan senjata yang diperlengkapi dengan kuasa Allah,
yang sanggup untuk meruntuhkan benteng-benteng.
Kami mematahkan setiap siasat orang dan merubuhkan setiap
kubu yang dibangun oleh keangkuhan manusia
untuk menentang pengenalan akan Allah.
Kami menawan segala pikiran
dan menaklukkannya kepada Kristus."

2 Korintus 10:3-6

Lagi, iman dapat dibagi ke dalam dua kategori: iman rohani dan iman kedagingan. Iman kedagingan dapat juga disebut iman yang merupakan pengetahuan. Saat pertama kali Anda mendengar firman Allah, Anda memiliki iman sebagai pengetahuan. Itu adalah iman kedagingan. Tapi seiring Anda mengerti dan melakukan firman, maka Anda dapat memiliki iman rohani.

Jika Anda memahami arti rohani firman kebenaran Allah dan meletakkan dasar iman dengan melakukannya, Allah akan bersukacita dan memberikan iman rohani kepada Anda. Jadi dengan iman rohani yang diberikan dari atas, Anda menerima jawaban atas doa Anda dan solusi atas masalah Anda. Anda juga akan mengalami perjumpaan dengan Allah yang hidup.

Melalui pengalaman ini, keraguan meninggalkan Anda, pikiran dan teori manusia dihancurkan, dan Anda berdiri di atas batu karang iman dimana Anda tidak pernah tergoncangkan oleh pencobaan dan penderitaan apa pun. Saat Anda telah menjadi manusia kebenaran dan memiliki hati seperti Kristus, itu artinya dasar iman Anda telah diletakkan secara permanen. Dengan dasar iman ini Anda bisa menerima apa pun yang Anda minta dengan iman itu.

Sama seperti yang dikatakan Tuhan kita Yesus di dalam Matius 8:13, *"Jadilah kepadamu seperti yang engkau percaya,"* jika Anda memiliki iman rohani, itulah iman dengan mana Anda bisa menerima apa pun yang Anda minta. Anda bisa menjalani hidup yang memuliakan Allah dalam segala hal yang

Anda lakukan. Anda akan berdiam di dalam kasih dan di dalam kota benteng Allah dan menjadi kesukaan besar bagi Allah.

Sekarang marilah kita menyelidiki beberapa hal mengenai iman rohani. Apa saja rintangan untuk memperoleh iman rohani? Bagaimana Anda bisa memiliki iman rohani? Berkat-berkat seperti apa yang diterima oleh para bapa iman rohani di dalam Alkitab? Dan akhirnya kita akan melihat mengapa orang yang memikirkan kedagingan ditinggalkan.

1. Rintangan-Rintangan untuk Memperoleh Iman Rohani

Dengan iman rohani Anda bisa memiliki komunikasi dengan Allah. Anda bisa mendengar suara Roh Kudus. Anda bisa menerima jawaban atas doa dan permohonan Anda. Anda bisa memuliakan Allah baik saat Anda makan atau minum atau apa pun yang Anda lakukan. Dan Anda akan hidup dalam perkenanan, penghargaan, dan jaminan Allah atas hidup Anda.

Mengapa kemudian orang gagal memiliki iman rohani? Sekarang mari kita lihat faktor-faktor apa yang menghalangi kita memiliki iman rohani.

1) Pikiran-Pikiran Kedagingan

Roma 8:6-7 berkata, *"Karena keinginan daging adalah maut, tetapi keinginan Roh adalah hidup dan damai sejahtera.*

Sebab keinginan daging adalah perseteruan terhadap Allah, karena ia tidak takluk kepada hukum Allah; hal ini memang tidak mungkin baginya."

Pikiran dapat dibagi ke dalam dua bagian; pikiran yang sifatnya kedagingan dan pikiran yang sifatnya rohani. Pikiran kedagingan mengacu pada segala jenis pikiran yang disimpan di dalam daging, dan terdiri dari semua ketidakbenaran. Pikiran kedagingan termasuk dosa karena tidak bertindak sesuai dengan kehendak Allah. Mereka melahirkan maut seperti yang dikatakan dalam Roma 6:23, *"Sebab upah dosa ialah maut."* Sebaliknya, pikiran rohani mengacu pada pikiran kebenaran, dan sesuai dengan kehendak Allah – keadilan dan kebenaran. Pikiran rohani melahirkan hidup dan membawa kedamaian atas kita.

Sebagai contoh, seandainya Anda mengalami kesulitan atau pencobaan yang tidak bisa diatasi dengan kekuatan dan kemampuan manusia. Pikiran kedagingan akan mendatangkan kekuatiran dan kecemasan. Tapi keinginan rohani memimpin Anda untuk membuang kekuatiran, dan mengucap syukur dan bersukacita melalui firman Allah yang berkata, *"Bersukacitalah senantiasa. Tetaplah berdoa. Mengucap syukurlah dalam segala hal, sebab itulah yang dikehendaki Allah di dalam Kristus Yesus bagi kamu"* (1 Tesalonika 5:16-18).

Dengan demikian, pikiran rohani sama sekali berlawanan

dengan pikiran kedagingan, jadi dengan pikiran kedagingan Anda bukanlah subyek dan Anda tidak bisa menjadi subyek hukum Allah. Itulah sebabnya pikiran kedagingan adalah perseteruan terhadap Allah dan menghalangi kita memiliki iman rohani.

2) Perbuatan/Pekerjaan Daging

Perbuatan/pekerjaan daging mengacu pada semua dosa dan kejahatan yang dinyatakan dalam tindakan, seperti yang didefinisikan di dalam Galatia 5:19-21, *"Perbuatan daging telah nyata, yaitu: percabulan, kecemaran, hawa nafsu, penyembahan berhala, sihir, perseteruan, perselisihan, iri hati, amarah, kepentingan diri sendiri, percideraan, roh pemecah, kedengkian, kemabukan, pesta pora dan sebagainya. Terhadap semuanya itu kuperingatkan kamu-seperti yang telah kubuat dahulu-bahwa barangsiapa melakukan hal-hal yang demikian, ia tidak akan mendapat bagian dalam Kerajaan Allah."*

Jika Anda tidak membuang perbuatan daging, Anda tidak bisa memiliki iman rohani dan tidak bisa mewarisi kerajaan Allah. Itulah sebabnya pekerjaan daging mencegah Anda memiliki iman rohani.

3) Segala Macam Teori

The Webster's Revised Unabridged Dictionary mengacu pada "Teori" sebagai "Sebuah doktrin, atau skema berbagai hal, yang berujung dalam spekulasi dan perenungan, tanpa sebuah pandangan untuk praktik; hipotesis; spekulasi" atau "Sebuah pemaparan tentang prinsip-prinsip umum atau prinsip abstrak ilmu pengetahuan apa pun." Gagasan teori ini merupakan sehelai pengetahuan yang mendukung penciptaan sesuatu dari sesuatu, tapi tidak membantu kita memiliki iman rohani. Teori agak membatasi kita untuk memiliki iman rohani.

Mari kita memikirkan tentang dua teori penciptaan dan teori evolusi Darwin. Sebagian besar orang mempelajari di sekolah bahwa manusia berevolusi dari kera. Dengan sangat bertentangan, Alkitab mengatakan kepada kita bahwa Allah yang menciptakan manusia. Jika Anda percaya kepada Allah Yang Mahakuasa, Anda harus memilih dan mengikuti pendapat bahwa penciptaan dilakukan oleh Allah sekalipun Anda diajari tentang teori evolusi di sekolah.

Hanya apabila Anda berpaling dari teori evolusi yang diajarkan di sekolah kepada penciptaan oleh Allah, Anda bisa memiliki iman rohani. Jika tidak, semua teori menghalangi Anda memiliki iman rohani karena dengan teori evolusi mustahil bagi Anda untuk percaya bahwa sesuatu diciptakan dari ketiadaan. Sebagai contoh, bahkan dengan perkembangan ilmu pengetahuan sekalipun manusia tidak bisa membuat benih kehidupan, sperma dan telur. Lalu, bagaimana mungkin untuk mempercayai sesuatu tercipta dari ketiadaan kecuali mempercayainya di dalam aspek iman rohani?

Karena itu, kita harus mengabaikan argumen dan teori-teori ini, dan setiap hal yang tinggi dan mengesankan yang bertentangan dengan pengetahuan sejati dari Allah, dan menawan setiap pikiran dan menaklukkannya kepada Kristus.

2. Saul Mengikuti Keinginan Daging dan Tidak Taat

Saul adalah raja pertama di kerajaan Israel, tapi ia tidak hidup sesuai dengan kehendak Allah. Ia turun dari tahta atas permintaan rakyat. Allah memerintahkan dia untuk mengalahkan Amalek dan menumpas semua yang ada padanya dan membunuh laki-laki maupun perempuan, kanak-kanak maupun anak-anak yang menyusu, lembu maupun domba, unta maupun keledai tanpa ada yang tersisa. Raja Saul mengalahkan bangsa Amalek dan mendapatkan kemenangan besar. Tapi ia tidak menaati perintah Allah, melainkan menyelamatkan domba dan anak lembu terbaik.

Saul bertindak menurut pikiran kedagingan, dan menyelamatkan Agag dan kambing domba dan lembu-lembu yang terbaik dan tambun, pula anak domba dan segala yang berharga dengan keinginan untuk mempersembahkannya kepada Allah. Ia tidak mau menumpas semuanya itu. Tindakan ini adalah ketidaktaatan dan kesombongan di mata Allah. Allah menyalahkan dia atas perbuatannya melalui nabi Samuel agar ia bertobat dan berbalik. Tapi, Raja Saul membuat alasan dan bersikeras akan kebenarannya sendiri (1 Samuel 15:2-21).

Kini banyak orang percaya yang bertindak seperti Saul.

Mereka tidak menyadari ketidaktaatan mereka yang jelas nyata, dan tidak mengakui saat mereka ditegur atas ketidaktaatan mereka. Sebaliknya mereka membuat alasan-alasan dan bersikeras akan jalan-jalan mereka itu menurut pikiran kedagingan mereka. Pada akhirnya mereka didapati sebagai orang-orang yang tidak taat yang menuruti daging seperti Saul. Karena 100 dari 100 orang memiliki opini yang berbeda, jika mereka bertindak menurut pikiran mereka sendiri, maka mereka tidak bisa disatukan. Jika mereka bertindak menurut pikiran mereka, mereka tidak akan taat. Tapi jika mereka bertindak sesuai dengan kebenaran Allah, mereka akan bisa taat dan bersatu.

Allah mengirim nabi Samuel kepada Saul. Saul tidak menaati firman Allah dan Nabi itu berkata kepada Saul, *"Sebab pendurhakaan adalah sama seperti dosa bertenung dan kedegilan adalah sama seperti menyembah berhala dan terafim. Karena engkau telah menolak firman TUHAN, maka Ia telah menolak engkau sebagai raja"* (1 Samuel 15:23).

Demikianlah, jika seseorang bergantung pada pikiran manusia dan tidak mengikuti kehendak Allah, itu merupakan ketidaktaatan kepada Allah, dan jika ia tidak menyadari ketidaktaatannya dan tidak berpaling darinya, ia tidak punya pilihan lain kecuali ditinggalkan Allah seperti Saul.

Dan dalam 1 Samuel 15:22, Samuel menegur Saul dengan berkata, *"Apakah TUHAN berkenan kepada korban bakaran atau korban sembelihan sama seperti kepada mendengarkan firman TUHAN? Sesungguhnya, mendengarkan lebih baik dari pada korban sembelihan, memperhatikan lebih baik dari pada lemak-lemak domba jantan."* Tak peduli seberapa benar tampaknya pikiran Anda, jika pikiran itu bertentangan dengan firman Allah, Anda harus bertobat dan segera berpaling darinya. Sebagai tambahan, Anda harus membuat pikiran Anda taat pada kehendak Allah.

3. Para Bapa Iman yang Menaati Firman Allah

Daud adalah raja kedua Israel. Ia tidak mengikuti pikirannya sendiri sejak kecil, namun ia berjalan dengan iman di dalam Allah. Ia tidak takut pada beruang dan singa saat Ia menggembalakan kawanan ternak, dan kadangkala ia bergulat dan mengalahkan singa dan beruang dengan iman untuk melindungi ternaknya. Kemudian hanya dengan iman, ia mengalahkan Goliat, pahlawan Filistin.

Ada sebuah peristiwa dimana satu kali Daud tidak menaati firman Allah setelah ia duduk di atas tahta. Ketika ia ditegur oleh nabi atas ketidaktaatannya itu, ia tidak mengucapkan satu alasan pun, namun ia segera bertobat dan berpaling, dan pada akhirnya ia semakin dikuduskan. Jadi, ada perbedaan besar antara Saul, manusia dengan pikiran kedagingan, dan Daud, manusia rohani (1 Samuel 12:13).

Saat ia menggembalakan kawanan ternak di padang gurun selama 40 tahun, Musa menghancurkan semua pikiran dan teori dan merendahkan diri di hadapan Allah hingga ia bisa dipanggil oleh Allah untuk memimpin bangsa Israel keluar dari perbudakan Mesir.

Berpikir menurut pikiran manusia, Abraham menyebut istrinya, "adik." Namun setelah ia menjadi manusia rohani melalui pencobaan-pencobaan, ia bisa menaati perintah yang menyuruh dia untuk mempersembahkan anak tunggalnya Ishak sebagai korban bakaran. Jika ia bersandar sedikit pun pada pikiran kedagingan, ia sama sekali tidak akan bisa menaati perintah ini. Ishak adalah anak tunggalnya yang ia dapatkan di usia tuanya, dan juga merupakan benih janji Allah. Jadi, dengan pikiran manusia, hal itu bisa saja dianggap tidak pantas dan tidak mungkin untuk menyembelihnya seperti seekor hewan dan mempersembahkan dia sebagai korban bakaran. Abraham tidak pernah mengeluh melainkan percaya bahwa Allah akan mampu membangkitkan anaknya itu dari antara orang-orang mati dan ia taat (Ibrani 11:19).

Naaman, panglima tentara raja Aram, sangat dihormati dan disayangi oleh raja, namun ia menderita sakit kusta, dan datang kepada Nabi Elisa untuk menerima kesembuhan atas penyakitnya. Sekalipun ia membawa banyak pemberian untuk mengalami pekerjaan Allah, Elisa tidak membiarkan ia masuk, melainkan menyuruh pelayannya untuk berkata kepadanya,

"Pergilah mandi tujuh kali dalam sungai Yordan, maka tubuhmu akan pulih kembali, sehingga engkau menjadi tahir" (2 Raja-Raja 5:10). Dengan pikiran kedagingan, Naaman menganggap hal itu kasar dan menghina sehingga ia menjadi sangat marah.

Tapi ia meruntuhkan pikiran kedagingannya dan menaati perintah itu atas nasihat yang diberikan oleh pegawai-pegawainya. Ia membenamkan dirinya tujuh kali di Sungai Yordan, dan tubuhnya sembuh lalu ia menjadi tahir.

Air melambangkan firman Allah, dan angka '7' melambangkan kesempurnaan, jadi 'membenamkan dirinya tujuh kali di Sungai Yordan' berarti "menjadi dikuduskan sepenuhnya oleh firman Allah." Ketika Anda dikuduskan, Anda menerima jalan keluar atas segala macam masalah. Dengan demikian, saat Naaman menaati firman Allah yang dinubuatkan oleh Nabi Elisa, pekerjaan Allah yang luar biasa terjadi atasnya (2 Raja-Raja 5:1-14).

4. Saat Anda Mengusir Pikiran dan Teori Manusia Anda Bisa Taat

Yakub adalah orang yang terampil dan memiliki berbagai pemikiran, ia berusaha mewujudkan keinginannya dengan berbagai rencana. Sebagai akibatnya, ia menderita kesulitan selama 20 tahun. Akhirnya ia masuk ke dalam keadaan sulit di

Sungai Yabok. Ia tidak bisa kembali ke rumah pamannya karena perjanjian yang telah dibuatnya dengan pamannya, ia juga tidak bisa maju karena saudaranya, Esau, menunggu di seberang sungai untuk membunuh dia. Dalam situasi yang putus asa ini, kebenarannya dan semua pikiran kedagingannya benar-benar hancur. Allah menggerakkan hati Esau dan memperdamaikan dia dengan saudaranya. Dengan cara ini Allah membuka jalan menuju kehidupan sehingga Yakub bisa menggenapi pemeliharaan baik Allah (Kejadian 33:1-4).

Allah berkata dalam Roma 8:5-7, *"Sebab mereka yang hidup menurut daging, memikirkan hal-hal yang dari daging; mereka yang hidup menurut Roh, memikirkan hal-hal yang dari Roh. Karena keinginan daging adalah maut, tetapi keinginan Roh adalah hidup dan damai sejahtera. Sebab keinginan daging adalah perseteruan terhadap Allah, karena ia tidak takluk kepada hukum Allah; hal ini memang tidak mungkin baginya."* Itulah sebabnya kita harus menghancurkan semua opini, semua teori, dan semua pikiran yang bertentangan dengan pengetahuan akan Allah. Kita harus menawan semua pikiran dan menaklukkannya kepada Kristus sehingga kita bisa menerima iman rohani dan menunjukkan perbuatan ketaatan.

Yesus memberikan sebuah perintah baru dalam Matius 5:39-42 dengan berkata, *"Tetapi Aku berkata kepadamu: Janganlah kamu melawan orang yang berbuat jahat kepadamu, melainkan siapapun yang menampar pipi kananmu, berilah juga kepadanya pipi kirimu. Dan kepada orang yang hendak mengadukan engkau karena mengingini bajumu, serahkanlah juga jubahmu. Dan siapapun yang memaksa engkau berjalan sejauh satu mil, berjalanlah bersama dia sejauh dua mil. Berilah kepada orang yang meminta kepadamu dan janganlah menolak orang yang mau meminjam dari padamu."* Dengan pikiran-pikiran manusia Anda tidak bisa menaati perintah ini karena pikiran tersebut bertentangan dengan firman kebenaran. Tapi jika Anda menghancurkan pikiran manusia dan kedagingan, Anda bisa menaati perintah itu dengan sukacita, dan Allah akan membuat semua hal bekerja untuk membawa kebaikan kepada Anda melalui ketaatan Anda.

Tak peduli berapa kali Anda mengakui iman Anda dengan mulut, terkecuali Anda menaruh pikiran Anda sendiri dan teori-teori pada ketiadaan, Anda tidak bisa taat atau mengalami pekerjaan Allah atau dituntun menuju kemakmuran dan keberhasilan.

Saya mendorong Anda untuk menaruh dalam pikiran Anda firman Allah yang tertulis dalam Yesaya 55:8-9, yang berkata, *"Sebab rancangan-Ku bukanlah rancanganmu, dan jalanmu bukanlah jalan-Ku, demikianlah firman TUHAN. Seperti tingginya langit dari bumi, demikianlah tingginya jalan-Ku dari jalanmu dan rancangan-Ku dari rancanganmu."*

Anda harus mencegah memiliki semua pikiran kedagingan dan teori manusia dan sebaliknya memiliki iman rohani seperti perwira yang dipuji oleh Yesus atas kepercayaan sepenuhnya kepada Allah. Ketika perwira itu datang kepada Yesus dan meminta kepadanya untuk menyembuhkan pelayannya yang menderita lumpuh akibat stroke, ia mengakui dengan iman bahwa pelayannya itu akan sembuh hanya dengan sepatah kata yang diucapkan oleh Yesus. Ia menerima jawaban sebagaimana yang ia percayai. Begitu pula, jika Anda memiliki iman rohani ini, Anda bisa menerima jawaban atas semua doa dan permohonan Anda dan memuliakan Allah sepenuhnya.

Firman kebenaran Allah mengubah roh manusia dan memampukannya untuk memiliki iman yang disertai perbuatan. Anda bisa menerima jawaban Allah dengan iman rohani yang hidup ini. Semoga masing-masing Anda meruntuhkan semua pikiran kedagingan dan teori manusia dan memiliki iman rohani sehingga Anda bisa menerima apa pun yang Anda minta dengan iman dan memuliakan Allah.

Bab 4

Taburlah Benih Iman

"Dan baiklah dia,
yang menerima pengajaran dalam Firman,
membagi segala sesuatu yang ada padanya
dengan orang yang memberikan pengajaran itu.
Jangan sesat, Allah tidak membiarkan diri-Nya dipermainkan,
karena apa yang ditabur orang, itu juga yang akan dituainya.
Sebab barangsiapa menabur dalam dagingnya,
ia akan menuai kebinasaan dari dagingnya,
tetapi barangsiapa menabur dalam Roh,
ia akan menuai hidup yang kekal dari Roh itu.
Janganlah kita jemu-jemu berbuat baik,
karena apabila sudah datang waktunya,
kita akan menuai, jika kita tidak menjadi lemah.
Karena itu, selama masih ada kesempatan bagi kita,
marilah kita berbuat baik kepada semua orang,
tetapi terutama kepada kawan-kawan kita seiman."

Galatia 6:6-10

Yesus menjanjikan kepada kita dalam Markus 9:23, *"Jika Engkau dapat? Tidak ada yang mustahil bagi orang yang percaya."* Jadi saat seorang perwira datang kepada-Nya dan menunjukkan iman yang besar, Yesus berkata kepadanya, *"Jadilah kepadamu seperti yang engkau percaya"* (Matius 8:13) dan maka pada saat itu juga sembuhlah hambanya.

Inilah iman rohani yang membuat kita percaya pada apa yang tidak terlihat. Dan ini juga adalah iman yang disertai oleh perbuatan yang memampukan kita untuk mengungkapkan iman kita dengan perbuatan. Inilah iman untuk percaya bahwa sesuatu diciptakan dari ketiadaan. Itulah sebabnya iman diartikan sebagai berikut dalam Ibrani 11:1-3 *"Iman adalah dasar dari segala sesuatu yang kita harapkan dan bukti dari segala sesuatu yang tidak kita lihat. Sebab oleh imanlah telah diberikan kesaksian kepada nenek moyang kita. Karena iman kita mengerti, bahwa alam semesta telah dijadikan oleh firman Allah, sehingga apa yang kita lihat telah terjadi dari apa yang tidak dapat kita lihat."*

Jika Anda memiliki iman rohani, Allah akan bersukacita dalam iman Anda dan mengizinkan Anda untuk menerima apa pun yang Anda minta. Lalu kemudian apa yang harus kita lakukan untuk memiliki iman rohani?

Sama seperti petani yang menabur benih di musim semi dan menuai buahnya di musim gugur, kita harus menabur benih iman untuk memiliki buah iman rohani.

Sekarang marilah kita melihat bagaimana menabur benih iman melalui perumpamaan menabur benih dan menuai buah-buahnya dari ladang. Yesus berbicara kepada orang banyak dalam perumpamaan, dan Ia tidak berbicara kepada mereka tanpa menggunakan perumpamaan (Matius 13:34). Itu karena Allah adalah roh dan kita, yang hidup di dunia jasmani ini sebagai manusia, tidak bisa memahami alam rohani Allah. Hanya apabila kita diajarkan tentang alam rohani dengan perumpamaan-perumpamaan dunia jasmani ini, kita akan bisa memahami kehendak sejati Allah. Itulah sebabnya saya akan menjelaskan kepada Anda bagaimana menabur benih iman dan bagaimana memiliki iman rohani melalui perumpamaan pertanian di ladang.

1. Menanam Benih Iman

1) Pertama-tama, Anda harus membersikan ladang

Di atas segalanya, seorang petani membutuhkan ladang untuk menabur benih. Agar ladangnya baik, petani itu harus memberikan pupuk yang tepat, membajak tanah, memunguti batu-batu, dan memecahkan gumpalan tanah yang keras dalam sebuah proses penanaman yang mencakup membajak, menggaru, dan mengolah tanah. Hanya dengan begitu, benih yang ditabur di ladang akan tumbuh dengan baik dan menghasilkan panen banyak buah yang baik.

Di dalam Alkitab Yesus memperkenalkan kepada kita empat macam ladang. Ladang mengacu kepada hati manusia. Jenis pertama adalah ladang di pinggir jalan dimana benih yang ditanam tidak bisa bertunas karena tanahnya terlalu keras; jenis kedua adalah ladang yang berbatu-batu dimana benih yang ditanam hampir tidak bisa bertunas atau beberapa pucuk itu sulit tumbuh karena batu-batu di ladang itu,; yang ketiga adalah ladang semak duri dimana benih bertunas tapi gagal tumbuh dengan baik karena duri menghimpit mereka; dan yang keempat dan terakhir adalah ladang yang baik dimana benih bertunas, bertumbuh dengan baik, berbunga, dan menghasilkan banyak buah yang baik.

Begitu pula, ladang hati manusia dikelompokkan ke dalam empat jenis; yang pertama adalah ladang hati di pinggir jalan dimana mereka tidak bisa memahami firman Allah; yang kedua adalah ladang hati yang berbatu-batu dimana mereka menerima firman Allah tapi mundur saat pencobaan dan penganiayaan datang; yang ketiga adalah ladang hati semak duri dimana kekuatiran akan dunia ini dan tipu daya kekayaan menghimpit firman Allah dan mencegah mereka yang mendengar dari menghasilkan buah; yang terakhir dan yang keempat adalah ladang hati yang baik dimana mereka mengerti firman Allah dan menghasilkan buah yang baik. Tak peduli jenis ladang hati apa yang Anda miliki, jika Anda menanam dan membersihkan ladang hati Anda sebagaimana seorang petani berjerih payah dan berkeringat di ladangnya, ladang hati Anda dapat diubah menjadi ladang hati yang baik. Jika ladang hati Anda keras, Anda harus mengubahnya dan membuatnya lembut; jika berbatu-batu, Anda harus memunguti batu-batu dan kemudian Anda harus membuatnya menjadi tanah yang baik dengan memberi 'pupuk.'

Jika petani itu malas, ia tidak bisa membersihkan ladang dan membuatnya menjadi ladang yang baik, sedangkan petani yang rajin melakukan yang terbaik untuk menggarap dan membersihkan tanah untuk membuatnya menjadi ladang yang baik. Kemudian ladang itu berubah menjadi ladang yang baik, menghasilkan buah-buah yang lebih baik.

Jika Anda beriman, Anda akan berusaha melakukan yang terbaik untuk mengubah hati Anda menjadi ladang yang baik dengan jerih payah dan keringat. Kemudian, agar Anda memahami firman Allah, jadikan hati Anda hati yang baik, dan untuk berbuah banyak, Anda perlu berjuang melawan dosa dan membuang dosa hingga pada titik mencurahkan darah. Jadi, dengan tekun membuang dosa dan kejahatan Anda menurut firman Allah sebagaimana Allah memerintahkan kita untuk membuang segala bentuk kejahatan, Anda bisa menyingkirkan setiap batu dari ladang hati Anda, dan mengubahnya menjadi ladang hati yang baik.

Seorang petani berjerih payah dan bekerja dengan tekun karena ia percaya bahwa ia akan menuai hasil panen yang melimpah jika ia membajak, menggaru, dan mengolah lahan dan mengubah ladang itu menjadi ladang yang baik. Begitu pula, saya berharap Anda percaya bahwa jika Anda menanam dan mengubah ladang hati Anda menjadi ladang hati yang baik, Anda akan tinggal di dalam kasih Allah, dituntun menuju kesuksesan dan kemakmuran dan memasuki tempat di surga yang lebih baik, dan berjuang melawan dosa dan membuang dosa Anda hingga pada titik mencurahkan darah. Maka, benih iman rohani akan ditanam di hati Anda dan Anda berbuah banyak semampu Anda.

2) Selanjutnya, diperlukan benih

Setelah membersihkan ladang, Anda harus menabur benih dan membantu benih-benih itu untuk bertunas. Seorang petani menabur berbagai jenis benih dan menuai berbagai buah yang melimpah seperti kol, selada, labu, buncis, kacang merah, dan lain sebagainya.

Begitu pula, kita harus menabur berbagai jenis benih di ladang hati kita. Firman Allah berkata kepada kita untuk bersukacita senantiasa, tetap berdoa, mengucap syukur dalam segala hal, memberikan persepuluhan yang utuh, menguduskan hari Sabat, dan mengasihi. Ketika firman Allah ini ditanam di hati Anda, firman itu akan bertunas, mengeluarkan pucuk, dan tumbuh menghasilkan buah rohani. Anda akan mampu hidup sesuai firman Allah dan memiliki iman rohani.

3) Diperlukan air dan sinar matahari

Agar petani menuai panen yang baik, tidak cukup baginya hanya membersihkan ladang dan mempersiapkan benih. Air dan sinar matahari juga diperlukan. Hanya dengan demikian, benih itu akan bertunas dan tumbuh dengan baik.

Apa yang dilambangkan oleh air?

Yesus berkata dalam Yohanes 4:14, *"Tetapi barangsiapa minum air yang akan Kuberikan kepadanya, ia tidak akan haus untuk selama-lamanya. Sebaliknya air yang akan Kuberikan kepadanya, akan menjadi mata air di dalam dirinya, yang terus-menerus memancar sampai kepada hidup yang kekal."* Secara rohani air mengacu pada "air yang terus-menerus memancar samapai kepada hidup yang kekal," dan air kekal mengacu pada firman Allah yang tertulis dalam Yohanes 6:63, *"Rohlah yang memberi hidup, daging sama sekali tidak berguna. Perkataan-perkataan yang Kukatakan kepadamu adalah roh dan hidup."* Itulah sebabnya Yesus berkata dalam Yohanes 6:53-55, *"Aku berkata kepadamu, sesungguhnya jikalau kamu tidak makan daging anak manusia dan minum darah-Nya, kamu tidak mempunyai hidup di dalam dirimu. Barangsiapa makan daging-Ku dan minum darah-Ku, ia mempunyai hidup yang kekal dan Aku akan membangkitkan dia pada akhir zaman. Sebab daging-Ku adalah benar-benar makanan, dan darah-Ku adalah benar-benar minuman."* Oleh karena itu, hanya bila Anda tekun membaca, mendengarkan dan merenungkan firman Allah dan bersungguh-sungguh berdoa dengan firman Allah, Anda akan mampu memasuki jalan menuju kehidupan kekal dan memiliki iman rohani.

Selanjutnya, apa yang dimaksud dengan sinar matahari?
Sinar matahari membantu benih untuk bertunas dan bertumbuh dengan baik. Begitu pula, jika firman Allah masuk ke dalam hati Anda, maka firman Allah adalah terang yang mengusir kegelapan dari hati. Terang itu memurnikan hati Anda dan mengubah hati Anda menjadi hati yang baik. Jadi, Anda bisa memiliki iman rohani sampai terang kebenaran memenuhi hati Anda.

Melalui perumpamaan pertanian, kita telah mempelajari bahwa kita harus membersihkan ladang hati, mempersiapkan benih yang baik, dan menyediakan air dan sinar matahari yang cukup saat benih iman ditanam. Berikutnya, marilah kita menyelidiki bagaimana menanam benih iman dan bagaimana menumbuhkannya.

2. Bagaimana Menanam dan Menumbuhkan Benih Iman

1) Pertama-tama, Anda harus menabur benih iman sesuai dengan cara Allah

Seorang petani menabur benih dengan cara yang berbeda sesuai dengan jenis benih itu. Ia menanam beberapa benih jauh ke dalam tanah, sedangkan benih lainnya ditanam dangkal. Begitu pula, Anda harus membedakan cara menabur benih iman dengan firman Allah. Sebagai contoh, saat Anda menabur doa, Anda harus berseru dengan hati yang tulus dan dengan rutin berlutut sebagaimana dijelaskan menurut firman Allah. Hanya dengan demikian Anda akan mampu untuk menerima jawaban Allah (Lukas 22:39-46).

2) Kedua, Anda harus menabur dengan iman

Sama seperti petani tekun dan bersemangat saat ia menabur benih, karena ia percaya dan berharap bahwa ia akan menuai, Anda harus menabur benih iman – firman Allah – dengan sukacita dan pengharapan bahwa Allah akan membiarkan Anda menuai dengan berlimpah. Jadi, dalam 2 Korintus 9:6-7, Ia mendorong kita, dengan berkata, *"Camkanlah ini: Orang yang menabur sedikit, akan menuai sedikit juga, dan orang yang menabur banyak, akan menuai banyak juga. Hendaklah masing-masing memberikan menurut kerelaan hatinya, jangan dengan sedih hati atau karena paksaan, sebab Allah mengasihi orang yang memberi dengan sukacita."*

Merupakan hukum dunia ini dan hukum alam rohani bahwa kita menuai apa yang telah kita tabur. Jadi, sebanyak iman Anda bertumbuh, ladang hati Anda akan semakin baik. Saat Anda menabur lebih banyak Anda akan menuai lebih banyak. Karena itu, apa pun jenis benih yang Anda tabur Anda harus menabur dengan iman, pengucapan syukur, dan sukacita sehingga Anda bisa memanen buah yang berlimpah.

3) Ketiga, Anda harus merawat dengan baik benih yang bertunas

Setelah petani mempersiapkan lahan dan menabur benih, ia harus menyirami tanaman itu pada waktu yang tepat, mencegah cacing dan serangga merusak tanaman dengan menyemprotkan insektisida, terus memupuk ladang, dan mencabut rumput liar. Jika tidak tanaman akan layu dan tidak bisa tumbuh. Ketika firman Allah sudah ditanam, juga harus dipelihara untuk mencegah iblis dan Setan mendekat. Orang harus memeliharanya dengan doa yang sungguh-sungguh, berpegang pada doa dengan sukacita, pengucapan syukur, menghadiri kebaktian penyembahan, berbagi dalam persekutuan Kristen, membaca dan mendengar firman Allah dan melayani. Maka benih yang ditabur bisa bertunas, berbunga, dan berbuah.

3. Proses Dimana Bunga Tumbuh dan Menghasilkan Buah

Kecuali petani merawat benih setelah menaburnya, cacing akan memakan benih itu, dan rumput liar akan tumbuh, serta menghalangi benih itu tumbuh besar dan berbuah. Petani tidak boleh bosan akan pekerjaannya melainkan dengan sabar menumbuhkan tanaman itu hingga ia memanen buah yang baik dan berlimpah. Pada waktu yang tepat tiba, benih itu bertumbuh, berbunga, dan pada akhirnya berbuah melalui lebah dan kupu-kupu. Saat buah itu matang, petani akhirnya bisa menuai buah-buah yang baik dengan sukacita. Betapa sukacitanya ia saat semua kerja keras dan kesabarannya berubah menjadi buah yang baik dan berharga dengan hasil panen 30, 60, dan 100 kali lipat dari yang ia tanam.

1) Pertama, bunga rohani mekar

Apa yang dimaksud dengan 'Benih iman tumbuh dan menghasilkan bunga-bunga rohani'? Jika bunga mekar, mereka mengeluarkan aroma wangi, dan aroma wangi itu mengundang lebah dan kupu-kupu. Begitu pula, bila kita telah menabur benih firman Allah ke dalam ladang hati kita dan benih itu dirawat, sepanjang kita hidup sesuai dengan firman Allah kita akan menghasilkan bunga-bunga rohani dan menyebarkan aroma wangi Kristus. Sebagai tambahan, kita mampu memainkan peran kita sebagai garam dan terang dunia sehingga banyak orang bisa melihat perbuatan baik kita dan memuliakan Bapa kita yang di surga (Matius 5:16).

Jika Anda menebarkan aroma wangi Kristus, setan akan terusir dan Anda akan bisa memuliakan Allah di rumah, bisnis, dan tempat kerja Anda. Baik Anda makan atau minum atau apa pun yang Anda lakukan, Anda bisa memuliakan Allah. Sebagai hasilnya, Anda akan menghasilkan buah penginjilan, mewujudkan kerajaan dan kebenaran Allah, dan berubah menjadi manusia rohani dengan membersihkan ladang hati Anda dan menjadikannya ladang hati yang baik.

2) Selanjutnya, buah tumbuh dan matang

Setelah bunga mekar, buah mulai tumbuh, dan saat buah matang, petani memanennya. Jika kita menerapkan ini pada iman kita, buah macam apa yang kita hasilkan? Kita bisa menghasilkan berbagai macam buah-buah Roh Kudus termasuk sembilan buah Roh Kudus yang tertulis di dalam Galatia 5:22-23, buah Ucapan Bahagia dalam Matius 5, dan buah-buah kasih rohani seperti yang tertulis dalam 1 Korintus 13.

Melalui pembacaan Alkitab dan pendengaran akan firman Allah, kita bisa menguji apakah kita telah menghasilkan bunga, dan berbuah, dan seberapa matang buah-buah itu. Ketika buah-buah itu sudang matang penuh, kita bisa memanennya kapan saja dan menikmatinya saat diperlukan. Mazmur 37:4 berkata, *"Dan bergembiralah karena TUHAN; maka Ia akan memberikan kepadamu apa yang diinginkan hatimu."* Ini serupa dengan menyimpan jutaan dolar dalam sebuah rekening bank dan bisa membelanjakan uang itu sesukanya.

3) Terakhir, Anda akan menuai apa yang telah Anda tabur

Ketika sudah tiba waktunya, petani menuai apa pun yang ia tabur, dan ia mengulanginya setiap tahun. Di sini jumlah hasil panennya berbeda-beda sesuai dengan berapa banyak yang ia tabur dan seberapa tekun dan setia ia memelihara benih itu.

Jika telah menabur dalam doa, jiwa Anda akan baik-baik saja, dan jika Anda telah menabur dalam kesetiaan dan pelayanan, Anda akan menikmati kesehatan yang baik di dalam roh dan tubuh. Jika Anda rajin menabur dalam keuangan, Anda akan menikmati berkat keuangan dan menolong orang miskin sebagaimana yang Anda inginkan. Allah berjanji kepada kita dalam Galatia 6:7, *"Jangan sesat, Allah tidak membiarkan diri-Nya dipermainkan, karena apa yang ditabur orang, itu juga yang akan dituainya."*

Banyak bagian Alkitab yang meneguhkan janji Allah ini yang berkata bahwa orang akan menuai apa yang ia tabur. Dalam pasal ketujuh belas 1 Raja-Raja ada cerita tentang janda di Sarfat. Karena hujan tidak turun di negeri itu dan sungai menjadi kering, ia dan anak laki-lakinya berada dalam titik kelaparan. Tapi ia menabur segenggam tepung dalam tempayan dan sedikit minyak di dalam buli-buli bagi Elia, abdi Allah. Pada waktu itu ketika makanan lebih berharga daripada emas, mustahil janda itu melakukannya tanpa iman. Ia percaya dan bersandar pada firman Allah yang dinubuatkan melalui nabi Elia, dan menaburnya dengan iman. Allah memberikan kepadanya berkat yang luar biasa sebagai ganti imannya, dan ia, anaknya laki-laki, dan nabi Elia bisa makan sampai bencana kelaparan panjang itu berakhir (1 Raja-Raja 17:8-16).

Markus 12:41-44 memperkenalkan kepada kita tentang seorang janda miskin yang memasukkan dua peser koin tembaga, senilai satu sen, ke dalam peti persembahan. Betapa luar biasa berkat yang ia terima ketika Yesus memuji perbuatannya!

Allah telah menetapkan hukum alam rohani dan mengatakan kepada kita bahwa kita bisa menuai apa yang telah kita tabur. Tapi saya mendorong Anda untuk mengingat bahwa Anda menghina Allah jika Anda ingin menuai apa yang tidak Anda tabur. Anda harus percaya bahwa Allah akan membiarkan Anda menuai 30, 60, atau 100 kali lipat dari yang Anda tabur.

Melalui perumpamaan seorang petani, kita harus melihat bagaimana menanam benih iman dan bagaimana menumbuhkannya untuk memiliki iman rohani. Sekarang saya berharap Anda menggarap ladang hati Anda dan menjadikannya ladang hati yang baik. Tabur benih iman dan peliharalah. Dengan demikian, Anda harus menabur sebanyak mungkin dan menumbuhkannya dengan iman dan pengharapan dan kesabaran untuk menerima berkat 30, 60, atau 100 kali lipat. Saat waktu yang tepat tiba, Anda akan menuai buah-buah dan memuliakan Allah.

Semoga masing-masing Anda percaya kepada setiap firman dalam Alkitab dan menabur benih iman sesuai dengan pengajaran firman Allah sehingga Anda berbuah banyak, memuliakan Allah, dan menikmati berbagai macam berkat.

Bab 5

"'Jika Engkau dapat?'
Tiada yang Mustahil!"

Lalu Yesus bertanya kepada ayah anak itu: "Sudah berapa lama ia mengalami ini?" Jawabnya: "Sejak masa kecilnya. Dan seringkali roh itu menyeretnya ke dalam api ataupun ke dalam air untuk membinasakannya. Sebab itu jika Engkau dapat berbuat sesuatu, tolonglah kami dan kasihanilah kami." Maka, jawab Yesus kepadanya, "Jika Engkau dapat? Tidak ada yang mustahil bagi orang yang percaya." Segera ayah anak itu berteriak: "Aku percaya. Tolonglah aku yang tidak percaya ini!" Ketika Yesus melihat orang banyak makin datang berkerumun, Ia menegor roh jahat itu dengan keras, kata-Nya: "Hai kau roh yang menyebabkan orang menjadi bisu dan tuli, Aku memerintahkan engkau, keluarlah dari pada anak ini dan jangan memasukinya lagi!" Lalu keluarlah roh itu sambil berteriak dan menggoncang-goncang anak itu dengan hebatnya. Anak itu kelihatannya seperti orang mati, sehingga banyak orang yang berkata: "Ia sudah mati." Tetapi Yesus memegang tangan anak itu dan membangunkannya, lalu ia bangkit sendiri.

Markus 9:21-27

Manusia menyimpan pengalaman hidup mereka melalui semua kesan yang mereka alami termasuk sukacita, dukacita, dan rasa sakit. Banyak dari mereka kadangkala mengalami dan menderita masalah-masalah serius yang tidak bisa mereka pecahkan dengan airmata, daya tahan, maupun bantuan dari orang lain.

Masalah-masalah itu adalah masalah penyakit yang tidak bisa disembuhkan dengan pengobatan modern; masalah mental akibat tekanan kehidupan yang tidak bisa dipecahkan dengan filosofi dan psikologi apa pun; masalah rumah tangga dan anak-anak yang tidak bisa diatasi dengan jumlah kekayaan yang besar; masalah dalam bisnis dan keuangan yang tidak bisa dijawab dengan alat dan upaya apa pun. Dan daftar itu terus berlanjut. Siapa yang bisa memecahkan semua masalah-masalah itu?

Dalam Markus 9:21-27, kita menemukan percakapan Yesus dengan ayah dari anak yang dirasuki oleh roh jahat. Anak itu sangat menderita karena bisu-tuli dan serangan epilepsi. Ia sering melemparkan dirinya ke dalam air dan ke dalam api karena kerasukan roh. Bila roh merasukinya, roh-roh itu membantingnya ke tanah dan mulutnya berbusa, giginya berkeretakan dan tubuhnya menjadi kejang.

Sekarang marilah kita melihat bagaimana ayah itu menerima jalan keluar atas masalah itu dari Yesus.

1. Yesus Mencela Sang Ayah atas Ketidakpercayaannya

Anak itu telah bisu dan tuli sejak lahir jadi ia tidak bisa mendengar siapa pun dan ia memiliki kesulitan serius membuat dirinya dipahami oleh orang lain. Ia seringkali disiksa oleh epilepsi dan menunjukkan gejala-gejala ayan. Itulah sebabnya sang ayah harus hidup di tengah-tengah duka dan kekuatiran serta tidak punya harapan dalam hidup.

Waktu itu sang ayah mendengar berita tentang Yesus yang menghidupkan kembali orang mati, menyembuhkan segala macam penyakit, mencelikkan mata orang buta, dan melakukan berbagai mujizat. Berita itu menanamkan pengharapan di dalam hati ayah itu. Ia berpikir, "Jika ia memiliki kuasa yang sama seperti yang telah saya dengar, ia bisa saja menyembuhkan anak saya dari semua penyakitnya." Ia menyangka bahwa kesembuhan anaknya bisa saja berpeluang terjadi. Hanya dengan ekspektasi ini ia membawa anaknya kepada Yesus dan memohon kepada-Nya dengan berkata, "Jika Engkau dapat berbuat sesuatu, tolonglah kami dan kasihanilah kami!"

Saat Yesus mendengarnya, Ia mencela ketidakpercayaannya, dengan berkata kepadanya, "Jika Engkau dapat? Tidak ada yang mustahil bagi orang yang percaya." Itu karena sang ayah itu mendengar tentang Yesus, tapi tidak percaya kepada-Nya dengan segenap hati.

Jika sang ayah percaya bahwa Yesus adalah Anak Allah dan

Yang Mahakuasa yang di dalam-Nya tidak ada yang mustahil, dan sang Kebenaran itu sendiri, maka ia tidak akan pernah berkata kepada-Nya, "Jika Engkau dapat berbuat sesuatu, tolonglah kami dan kasihanilah kami."

Tanpa iman tidak mungkin orang berkenan kepada Allah, dan tanpa iman rohani tidak mungkin untuk menerima jawaban. Agar Yesus membuat sang ayah itu menyadari fakta itu, Ia berkata kepada sang ayah, "Jika Engkau dapat?" dan mencelanya bahwa ia tidak sepenuhnya percaya.

2. Bagaimana Memiliki Iman yang Penuh

Ketika Anda percaya pada apa yang tak terlihat, iman Anda diterima oleh Allah dan iman itu disebut 'iman rohani', 'iman sejati,' 'iman yang hidup' atau 'iman yang disertai perbuatan.' Dengan iman ini Anda bisa percaya bahwa sesuatu diciptakan dari ketiadaan. Itu karena iman adalah *"dasar dari segala sesuatu yang kita harapkan dan bukti dari segala sesuatu yang tidak kita lihat"* (Ibrani 11:1-3).

Di dalam hati Anda harus percaya kepada jalan salib, kebangkitan, kedatangan Tuhan, dan penciptaan oleh Allah, dan mujizat. Hanya dengan demikian Anda bisa memiliki iman penuh. Saat Anda mengakui iman itu dengan mulut Anda, itulah iman sejati.

Ada tiga syarat untuk benar-benar memiliki iman penuh.

Pertama-tama, dinding dosa terhadap Allah harus dihancurkan. Jika Anda mendapati diri Anda memiliki sebuah dinding dosa, Anda harus menghancurkannya dengan bertobat dari padanya. Sebagai tambahan, Anda harus berjuang melawan dosa Anda hingga titik mencurahkan darah dan menghindari segala bentuk kejahatan untuk tidak melakukan dosa sama sekali. Jika Anda membenci dosa hingga pada titik merasa resah hanya dengan memikirkan tentang dosa dan jadi gelisah dan cemas melihat dosa, bagaimana bisa Anda berani berbuat dosa. Daripada menjalani hidup dalam dosa, Anda bisa berkomunikasi dengan Allah dan memiliki iman penuh.

Kedua, Anda harus mengikuti kehendak Allah. Untuk melakukan kehendak Allah, Anda harus benar-benar mengerti apa itu kehendak Allah. Maka, tak peduli apa yang mungkin Anda inginkan, jika itu bukan kehendak Allah, jangan Anda lakukan. Sebaliknya, apa pun yang mungkin tidak ingin Anda lakukan, jika itu adalah kehendak Allah, maka Anda harus melakukannya. Saat Anda mengikuti kehendak-Nya dengan segenap hati, ketulusan, kekuatan, dan akal budi, Ia akan memberikan iman penuh kepada Anda.

Ketiga, Anda harus menyenangkan Allah dengan kasih Anda kepada-Nya. Jika Anda melakukan segalanya untuk kemuliaan Allah, baik Anda makan, minum atau apa pun yang

Anda lakukan, dan bahkan jika Anda menyenangkan Allah dengan mengorbankan diri Anda, Anda tidak akan pernah gagal untuk memiliki iman penuh. Iman itulah yang membuat apa yang tidak mungkin menjadi mungkin. Dengan iman penuh ini, Anda tidak hanya percaya apa yang terlihat dan mungkin diwujudkan dengan kekuatan Anda, tapi juga percaya pada yang tak terlihat dan yang tidak mungkin dengan kekuatan manusia. Dengan demikian, saat Anda mengakui iman penuh ini, semua yang tidak mungkin akan menjadi mungkin.

Karena itu, firman Allah yang berkata, "Jika Engkau dapat?" Tidak ada yang mustahil bagi orang yang percaya" akan mendatangi Anda dan Anda bisa memuliakan Dia apa pun yang Anda lakukan.

3. Tidak Ada yang Mustahil Bagi Orang yang Percaya

Saat iman penuh diberikan kepada Anda, tidak ada yang mustahil bagi Anda dan Anda bisa menerima jalan keluar atas segala macam masalah. Dalam area apa Anda bisa mengalami kuasa Allah yang membuat yang tidak mungkin menjadi mungkin? Marilah kita melihat ke dalam tiga aspek.

Area pertama dari ketiga aspek itu adalah masalah penyakit.

Misalkan Anda sakit akibat infeksi bakteri atau virus. Jika Anda menunjukkan iman dan dipenuhi oleh Roh Kudus, api Roh Kudus akan membakar penyakit itu dan Anda disembuhkan. Lebih rinci, jika Anda bertobat dari dosa-dosa Anda dan berbalik dari padanya, Anda bisa disembuhkan melalui doa. Jika Anda adalah seorang pemula iman, Anda harus membuka hati Anda dan mendengarkan firman Allah sampai Anda mampu menunjukkan iman Anda.

Selanjutnya, jika Anda terserang penyakit serius yang tidak bisa disembuhkan oleh perawatan medis, Anda harus menunjukkan bukti iman yang besar. Barulah setelah Anda bertobat sepenuhnya dari dosa Anda dengan mengoyakkan hati Anda dan bergantung kepada Allah melalui doa penuh air mata, Anda bisa disembuhkan. Tapi orang-orang yang memiliki iman yang lemah atau mereka yang baru mulai menghadiri gereja tidak bisa disembuhkan sampai iman rohani diberikan kepada mereka, dan sejauh iman itu datang atas mereka, pekerjaan penyembuhan datang kepada mereka sedikit demi sedikit.

Terakhir, kelainan bentuk, abnormalitas, kelumpuhan, ketulian, dan kondisi cacat mental dan fisik, dan masalah turun-temurun tidak bisa disembuhkan tanpa kuasa Allah. Orang-orang yang menderita kondisi seperti itu harus menunjukkan ketulusan mereka di hadapan Allah dan mempersembahkan bukti iman mereka untuk mengasihi dan menyenangkan Allah sehingga mereka bisa diakui oleh Allah dan kemudian pekerjaan penyembuhan terjadi atas mereka melalui kuasa Allah.

Pekerjaan penyembuhan itu bisa dialami mereka hanya bila mereka menunjukkan perbuatan iman sebagaimana seorang pengemis buta bernama Bartimeus yang berseru kepada Yesus (Markus 10:46-52), seorang perwira yang menunjukkan iman yang besar (Matius 8:6-13), dan seorang lumpuh dan keempat temannya mempersembahkan bukti iman di hadapan Yesus (Markus 2:3-12).

Area kedua adalah masalah keuangan.

Jika Anda berusaha memecahkan masalah keuangan Anda dengan pengetahuan, berbagai cara, dan pengalaman tanpa pertolongan Allah, masalah itu hanya bisa dipecahkan sesuai dengan kemampuan dan usaha Anda. Namun, jika Anda membuang dosa Anda, mengikuti kehendak Allah, dan menyerahkan masalah Anda kepada Allah dengan keyakinan bahwa Allah akan memimpin Anda di jalan-Nya, maka jiwa Anda akan baik-baik saja, segala sesuatu berjalan baik bagi Anda dan Anda menikmati kesehatan yang baik. Lebih lanjut, karena Anda berjalan di dalam Roh Kudus, Anda menerima berkat-berkat Allah.

Yakub telah mengikuti jalan-jalan manusia sepanjang hidupnya hingga ia bergulat dengan malaikat di Sungai Yabok. Malaikat itu menyentuh sendi pangkal pahanya dan sendi pangkal pahanya itu terpelecok. Dalam pergulatan dengan malaikat Allah ini, ia menundukkan diri kepada Allah dan menyerahkan semuanya kepada-Nya. Dari sejak saat itu ia menerima berkat Allah menyertai dia. Begitu pula, jika Anda mengasihi Allah, berkenan kepada-Nya, dan menyerahkan semuanya ke dalam tangan-Nya, semuanya akan berjalan baik bagi Anda.

Area ketiga adalah perihal bagaimana untuk memperoleh kekuatan rohani.

Kita mendapati dalam 1 Korintus 4:20 bahwa kerajaan Allah tidak terdiri atas kata-kata tetapi atas kuasa. Kuasa semakin besar seiring kita memiliki iman penuh. Kuasa Allah turun atas kita sesuai dengan ukuran doa, iman, dan kasih kita. Pekerjaan mujizat Allah, yang tingkatnya lebih tinggi dari karunia kesembuhan, dapat dilakukan hanya oleh orang-orang yang menerima kuasa Allah melalui doa dan puasa.

Jadi, jika Anda memiliki iman penuh, yang tidak mungkin akan menjadi mungkin bagi Anda dan Anda bisa dengan berani mengaku, "Jika Engkau dapat? Tidak ada yang mustahil bagi orang yang percaya."

4. "Aku percaya. Tolonglah aku yang tidak percaya ini!"

Ada proses yang perlu bagi Anda untuk menerima jalan keluar atas segala macam masalah.

Pertama, untuk memulai prosesnya Anda harus memberikan

pengakuan positif dengan ucapan dari mulut Anda.

Ada seorang ayah yang telah lama menderita karena anaknya dirasuki oleh roh-roh jahat. Ketika sang ayah itu mendengar tentang Yesus, ia memiliki hati yang rindu untuk melihat Dia. Kemudian ia membawa anaknya kepada Yesus berharap mungkin ada peluang anaknya bisa sembuh. Sekalipun ia tidak memiliki keyakinan akan hal itu, ia meminta Yesus untuk menyembuhkan anak-Nya.

Yesus menegur sang ayah karena berkata, "Jika Engkau dapat!" Tapi kemudian Yesus memberikan dorongan dengan berkata, *"Tidak ada yang mustahil bagi orang percaya"* (Markus 9:23). Atas dorongan itu, sang ayah itu berseru dan berkata, *"Aku percaya; Tolonglah aku yang tidak percaya ini"* (Markus 9:23). Dengan demikian, ia membuat pengakuan positif ini di hadapan Yesus.

Karena ia mendengar hanya dengan telinga bahwa segala sesuatu mungkin bagi Yesus, ia memahaminya di dalam otaknya dan mengakui imannya hanya dengan ucapannya, tapi tidak mengakui iman yang bisa membuatnya percaya dari lubuk hati. Sungguhpun ia memiliki iman sebagai pengetahuan, pengakuan positifnya mendorong iman rohani dan memimpinnya untuk menerima jawaban.

Selanjutnya, Anda harus memiliki iman rohani yang membuat Anda percaya dari hati Anda.

Ayah dari anak yang dirasuki oleh roh jahat itu sangat ingin memperoleh iman rohani, dan berkata kepada Yesus,

"Aku percaya. Tolonglah aku yang tidak percaya ini!" (Markus 9:23). Ketika Yesus mendengar permintaan sang ayah itu, Ia mengetahui ketulusan hati ayah itu, kebenaran, permohonan yang sungguh-sungguh, dan iman, dan karena itu Ia memberikan kepadanya iman rohani yang membuat ia percaya dengan segenap hati. Jadi, karena sang ayah itu memiliki iman rohani, Allah bisa bekerja bagi dia dan ia menerima sebuah jawaban dari Allah.

Ketika Yesus memerintahkan dalam Markus 9:25, *"Hai kau roh yang menyebabkan orang menjadi bisu dan tuli, Aku memerintahkan engkau, keluarlah dari pada anak ini dan jangan memasukinya lagi!"* roh itu keluar.

Singkat kata, ayah anak itu tidak bisa menerima jawaban Allah dengan iman kedagingan yang tersimpan hanya sebagai pengetahuan. Tapi, sesudah ia menerima iman rohani, jawaban Allah segera diberikan kepadanya.

Poin ketiga dalam proses itu adalah berseru dalam doa hingga momen terakhir penerimaan jawaban.

Dalam Yeremia 33:3, Allah berjanji kepada kita, *"Berserulah kepada-Ku, maka Aku akan menjawab engkau dan akan memberitahukan kepadamu hal-hal yang besar dan yang tidak terpahami, yakni hal-hal yang tidak kauketahui,"* dan dalam Yehezkiel 36:37, Ia mengajari kita, *"Dalam hal ini juga Aku menginginkan, supaya kaum Israel meminta dari pada-Ku apa yang hendak Kulakukan bagi mereka."* Seperti yang tertulis di atas, Yesus, nabi-nabi Perjanjian Lama, dan murid-

murid Perjanjian Baru berseru dan berdoa kepada Allah untuk menerima jawaban-Nya.

Begitu pula, hanya melalui seruan doa Anda bisa menerima iman yang membuat Anda percaya dari dalam hati dan hanya melalui iman rohani itu Anda bisa menerima jawaban atas doa dan masalah Anda. Anda harus berseru di dalam doa sampai Anda menerima jawaban, lalu kemudian yang tidak mungkin akan menjadi mungkin bagi Anda. Ayah dari anak yang dirasuki oleh roh jahat itu menerima jawaban karena ia berseru kepada Yesus.

Kisah ayah dari anak yang dirasuki oleh roh jahat ini memberikan pelajaran penting mengenai hukum Allah. Agar kita mengalami firman Allah yang berkata, "'Jika Engkau dapat?' Tidak ada yang mustahil bagi orang percaya," Anda harus mengubah iman kedagingan Anda menjadi iman rohani yang membantu Anda memiliki iman penuh, berdiri di atas batu karang, dan menaati tanpa ragu.

Untuk merangkum proses itu, pertama Anda perlu membuat pengakuan positif dengan iman kedagingan yang disimpan sebagai pengetahuan. Kemudian Anda harus berseru kepada Allah di dalam doa sampai Anda menerima jawaban. Dan akhirnya Anda harus menerima iman rohani dari atas yang memungkinkan Anda untuk percaya dari lubuk hati.

Dan, untuk memenuhi tiga syarat untuk menerima jawaban penuh, pertama-tama hancurkan dinding dosa terhadap Allah.

Lalu, tunjukkan tindakan iman dengan ketulusan. Kemudian buat jiwa Anda baik-baik saja. Seiring Anda memenuhi tiga persyaratan ini, Anda akan diberikan iman rohani yang dari atas dan membuat yang tidak mungkin menjadi mungkin.

Jika Anda berusaha melakukan segala sesuatu sendirian dan tidak menyerahkannya kepada Allah yang maha kuasa, Anda akan mempunyai masalah-masalah dan berhadapan dengan kesukaran-kesukaran. Sebaliknya, jika Anda menghancurkan pikiran-pikiran manusia yang membuat Anda menganggap bahwa hal itu mustahil dan menyerahkan semuanya kepada Allah, Ia akan melakukan semuanya bagi Anda, maka apa yang tidak mungkin?

Pikiran kedagingan adalah perseteruan terhadap Allah (Roma 8:7). Pikiran kedagingan mencegah Anda percaya dan membuat Anda mengecewakan Allah dengan membuat pengakuan negatif. Pikiran kedagingan membantu Iblis mendakwa Anda dan juga mendatangkan ujian, pencobaan, dan masalah-masalah dan kesukaran atas Anda. Karena itu, Anda harus menghancurkan pikiran kedagingan ini. Tak peduli masalah apa yang Anda hadapi, termasuk masalah kesejahteraan jiwa Anda, bisnis, pekerjaan, penyakit, dan keluarga, Anda harus menyerahkannya ke dalam tangan Tuhan. Anda harus bersandar kepada Allah Yang Maha kuasa, percaya bahwa Ia akan membuat yang tidak mungkin menjadi mungkin, dan menghancurkan segala macam pikiran kedagingan dengan iman.

Ketika Anda membuat pengakuan positif dengan berkata, "Aku percaya," dan berdoa kepada Allah dari lubuk hati, Allah akan memberikan kepada Anda iman yang menolong Anda untuk percaya dari dalam hati, dan dengan iman ini Ia akan mengizinkan Anda menerima jawaban atas segala masalah dan memuliakan Allah. Betapa ini adalah kehidupan yang diberkati.

Semoga Anda berjalan hanya di dalam iman untuk mewujudkan kerajaan dan kebenaran Allah, uuntk menggenapi Amanat Agung memberitakan injil ke seluruh dunia, dan untuk melakukan kehendak Allah yang ditugaskan kepada kita, dan membuat yang tidak mungkin menjadi mungkin sebagai seorang prajurit salib, dan menebarkan cahaya Kristus, di dalam nama Yesus saya berdoa.

Bab 6

Daniel Bersandar Hanya kepada Allah

Lalu kata Daniel kepada raja:
"Ya raja, kekallah hidupmu!
Allahku telah mengutus malaikat-Nya
untuk mengatupkan mulut singa-singa itu,
sehingga mereka tidak mengapa-apakan aku,
karena ternyata aku tak bersalah di hadapan-Nya;
tetapi juga terhadap tuanku, ya raja, aku tidak melakukan kejahatan."
Lalu sangat sukacitalah raja dan ia memberi perintah,
supaya Daniel ditarik dari dalam gua itu.
Maka ditariklah Daniel dari dalam gua itu,
dan tidak terdapat luka apa-apa padanya,
karena ia percaya kepada Allahnya.

Daniel 6:22-23

Ketika dia masih kanak-kanak, Daniel dibawa ke dalam perbudakan di Babel. Tapi kemudian, ia menduduki posisi kedua setelah raja. Karena ia mengasihi Allah hingga pada tingkat tertinggi, Allah menganugerahinya pengetahuan dan kepandaian dalam berbagai-bagai tulisan dan hikmat. Daniel juga mempunyai pengertian tentang berbagai-bagai penglihatan dan mimpi. Ia adalah seorang politisi dan nabi yang menyingkapkan kuasa Allah.

Sepanjang hidupnya, Daniel tidak pernah kompromi dengan dunia dalam melayani Allah. Ia mengatasi semua pencobaan dan ujian dengan iman kemartiran dan memuliakan Allah dengan kemenangan iman yang besar. Apa yang harus kita lakukan untuk memiliki iman yang sama seperti dia?

Mari kita menyelidiki mengapa Daniel, yang menduduki posisi kedua setelah raja sebagai penguasa di Babel, dilemparkan ke gua singa dan bagaimana ia selamat di gua singa tanpa satu goresan pun di tubuhnya.

1. Daniel, Orang Beriman

Pada masa pemerintahan Raja Rehabeam, kerajaan Israel yang bersatu terbagi dua – Kerajaan Yehuda di Selatan dan Kerajaan Israel di Utara karena kejatuhan Salomo (1 Raja-Raja 11:26-36). Raja-raja dan bangsa yang menaati perintah Allah makmur tetapi orang-orang yang tidak menaati hukum Alah dihancurkan.

Pada tahun 722 SM, kerajaan Israel di Utara hancur di bawah serangan bangsa Aram. Pada waktu itu tak terhitung banyaknya orang yang dibawa sebagai tawanan ke Aram. Kerajaan Yehuda di Selatan juga diserang, tapi tidak hancur.

Setelah itu Raja Nebukadnezar menyerang Kerajaan Yehuda di Selatan, dan pada serangan ketiga ia meruntuhkan kota Yerusalem dan menghancurkan bait Allah. Itu terjadi pada tahun 586 SM.

Pada tahun ketiga pemerintahan Yoyakim, raja Yehuda, Nebukadnezar datang ke Yerusalem dan mengepungnya. Pada serangan pertamanya, Raja Nebukadnezar mengikat Raja Yoyakim dengan rantai perunggu dan membawanya ke Babel, dan juga membawa perkakas-perkakas bait Allah ke Babel.

Daniel merupakan salah satu dari keluarga kerajaan dan bangsawan yang dibawa sebagai tawanan pertama. Mereka hidup di negeri orang yang tidak mengenal Allah, tetapi Daniel berhasil saat melayani beberapa raja – Nebukadnezar dan Belsyazar, yang merupakan raja Babel, dan Darius dan Sirus, yang merupakan raja-raja Persia. Daniel hidup di negeri-negeri bangsa yang tidak mengenal Allah dalam waktu yang lama dan melayani negeri-negeri itu sebagai salah satu penguasa setelah raja-raja. Tapi ia menunjukkan iman dimana ia tidak kompromi dengan dunia dan menjalani hidup penuh kemenangan sebagai seorang nabi Allah.

Nebukadnezar, raja Babel, memberikan perintah kepada kepala istananya untuk membawa beberapa orang Israel, termasuk yang berasal dari keturunan raja dan dari kaum bangsawan, yakni orang-orang muda yang tidak ada sesuatu cela, yang berperawakan baik, yang memahami berbagai-bagai hikmat, berpengetahuan banyak dan yang mempunyai pengertian tentang ilmu, yakni orang-orang yang cakap untuk bekerja dalam istana raja, supaya mereka diajarkan tulisan dan bahasa orang Kasdim. Dan raja menetapkan bagi mereka pelabur setiap hari dari santapan raja dan dari anggur yang biasa diminumnya. Mereka harus dididik selama tiga tahun, dan sesudah itu mereka harus bekerja pada raja. Daniel merupakan salah satu dari mereka (Daniel 1:4-5).

Namun, Daniel berketetapan untuk tidak menajiskan dirinya dengan santapan raja dan dengan anggur yang biasa diminum raja; dimintanyalah kepada pemimpin pegawai istana itu, supaya ia tak usah menajiskan dirinya (Daniel 1:8). Inilah iman Daniel yang ingin memegang hukum Allah. Maka Allah mengaruniakan kepada Daniel kasih dan sayang dari pemimpin pegawai istana itu (ayat 9). Kemudian penjenang itu selalu mengambil makanan mereka dan anggur yang harus mereka minum, lalu memberikan sayur kepada mereka (ayat 16).

Kepada keempat orang muda itu Allah memberikan pengetahuan dan kepandaian tentang berbagai-bagai tulisan dan hikmat, sedang Daniel juga mempunyai pengertian tentang berbagai-bagai penglihatan dan mimpi (ayat 17). Dalam tiap-tiap hal yang memerlukan kebijaksanaan dan pengertian, yang ditanyakan raja kepada mereka, didapatinya bahwa mereka sepuluh kali lebih cerdas daripada semua orang berilmu dan semua ahli jampi di seluruh kerajaannya (ayat 20).

Kemudian Raja Nebukadnezar bersusah hati karena mimpinya dan tidak bisa tidur, dan tak seorang pun dari antara bangsa Kasdim yang bisa menerangkan tentang mimpinya. Tapi Daniel berhasil menerangkan mimpi itu dengan hikmat dan kuasa Allah. Lalu raja memuliakan Daniel: dianugerahinyalah dengan banyak pemberian yang besar, dan dibuatnya dia menjadi penguasa atas seluruh wilayah Babel dan menjadi kepala semua orang bijaksana di Babel (Daniel 2:46-48).

Tidak hanya pada masa pemerintahan Nebukadnezar raja Babel tapi juga pada masa pemerintahan raja Belsyazar pun Daniel mendapatkan kasih sayang dan penghargaan. Raja Belsyazar mengeluarkan sebuah proklamasi bahwa Daniel memiliki otoritas sebagai penguasa ketiga di kerajaan itu. Ketika Raja Belasyazar terbunuh dan Darius menajdi raja, Daniel masih tetap mendapat kemurahan dari raja.

Raja Darius mengangkat 120 orang wakil-wakil raja atas kerajaannya dan mengangkat tiga orang pejabat tinggi untuk membawahi mereka. Tapi karena Daniel mulai mengungguli para pejabat tinggi dan para wakil raja itu, karena ia mempunyai roh yang luar biasa; maka raja bermaksud untuk menempatkannya atas seluruh kerajaannya.

Kemudian para pejabat tinggi dan wakil raja itu mencari alasan dakwaan terhadap Daniel dalam hal pemerintahan, tetapi mereka tidak mendapat alasan apa pun atau sesuatu kesalahan, sebab ia setia dan tidak ada didapati sesuatu kelalaian atau sesuatu kesalahan padanya. Mereka merencanakan sebuah tuduhan terhadap Daniel dalam hal ibadahnya kepada Allah. Mereka meminta supaya raja mengeluarkan sebuah ketetapan dan melaksanakan sebuah larangan agar barangsiapa yang dalam tiga puluh hari menyampaikan permohonan kepada salah satu dewa atau manusia kecuali kepada raja maka ia akan dilemparkan ke dalam gua singa. Dan mereka meminta agar raja mengeluarkan surat larangan dan menandatangani dokumen yang tidak dapat diubah menurut undang-undang orang Media dan Persia, yang tidak dapat dicabut kembali. Kemudian raja Darius menandatangani dokumen itu, yaitu surat larangan itu.

Demi didengar Daniel, bahwa surat larangan itu telah dibuat, pergilah ia ke rumahnya. Dalam kamar atasnya ada tingkap-tingkap yang terbuka ke arah Yerusalem; tiga kali sehari ia berlutut, berdoa serta memuji Allahnya, seperti yang biasa dilakukannya (Daniel 6:10). Daniel tahu bahwa ia harus dimasukkan ke dalam gua singa jika ia melanggar surat larangan itu, namun ia bertekad akan mati sebagai martir dan hanya melayani Allah saja.

Sekalipun di tengah-tengah penawanan di Babel, Daniel selalu mengingat kemurahan Allah dan sungguh-sungguh mengasihi-Nya hingga pada titik ia berlutut ke tanah, berdoa dan mengucap syukur kepada-Nya tiga kali sehari tanpa berhenti. Ia memiliki iman yang kuat dan tidak kompromi dengan dunia dalam melayani Allah.

2. Daniel Dilemparkan ke Gua Singa

Orang-orang yang cemburu kepada Daniel hingga mengadakan persekongkolan mendapati Daniel sedang berdoa dan memohon kepada Allahnya. Kemudian mereka menghadap raja dan menanyakan kepadanya tentang larangan raja. Akhirnya raja menyadari bahwa orang-orang yang memintanya untuk mengeluarkan surat larangan itu bukanlah karena raja itu sendiri melainkan karena rencana mereka untuk menyingkirkan Daniel, dan ia sangat terkejut. Tapi karena raja telah menandatangani dan mengumumkan surat larangan itu, ia sendiri tidak bisa mengubahnya.

Segera sesudah sang raja mendengar tentang itu, ia sangat sedih dan mencari jalan untuk melepaskan Daniel. Tapi para pejabat tinggi dan wakil-wakil raja itu mendesak raja untuk melaksanakan surat larangan itu dan raja tidak memiliki pilihan lain kecuali melaksanakannya.

Raja didesak untuk memberikan perintah, dan Daniel dilemparkan ke dalam gua singa dan sebuah batu dibawa dan diletakkan di mulut gua itu. Itu dilakukan supaya dalam hal Daniel tidak dibuat perubahan apa-apa.

Kemudian raja, yang menyenangi Daniel, pergi ke istananya dan berpuasalah semalaman, dan tidak ada hiburan disajikan di hadapannya dan ia tidak dapat tidur. Lalu raja bangun pagi-pagi sekali, ketika fajar menyingsing, dan pergi dengan buru-buru ke gua singa. Sewajarnya orang menganggap bahwa karena Daniel dilemparkan ke dalam gua singa-singa yang lapar, dia pasti sudah dimakan oleh singa-singa itu. Tapi sang raja pergi terburu-buru ke gua singa berharap Daniel masih hidup.

Pada masa itu banyak penjahat yang terhukum dilemparkan ke dalam gua singa. Tapai bagaimana bisa Daniel mengalahkan singa-singa lapar dan selamat? Sang raja berpikir di dalam hatinya bahwa Allah yang disembah oleh Daniel mungkin bisa menyelamatkannya, dan ketika sampai dekat gua itu. Sang raja berseru dengan suara yang sayu, berkatalah ia kepada Daniel: "Daniel, hamba Allah yang hidup, Allahmu yang kau sembah dengan tekun, telah sanggupkah Ia melepaskan engkau dari singa-singa itu?"

Ia tercengang, suara Daniel terdengar dari dalam gua singa itu. *"Ya raja, kekallah hidupmu! Allahku telah mengutus malaikat-Nya untuk mengatupkan mulut singa-singa itu, sehingga mereka tidak mengapa-apakan aku, karena ternyata aku tak bersalah di hadapan-Nya; tetapi juga terhadap tuanku, ya raja, aku tidak melakukan kejahatan"* (Daniel 6:22-23).

Lalu raja sangat bersukacita dan memberikan perintah untuk menarik Daniel keluar dari gua singa itu. Ketika Daniel ditarik keluar dari gua itu, tidak ada luka apa-apa ditemukan di tubuhnya. Betapa luar biasa hal itu! Ini merupakan kemenangan besar yang dilakukan oleh iman Daniel yang percaya kepada Allah. Karena Daniel percaya kepada Allah yang hidup, ia bertahan hidup di tengah-tengah singa-singa yang lapar dan menyingkapkan kemuliaan Allah bahkan kepada orang yang tidak mengenal Allah.

Dan raja memberikan perintah, dan mereka membawa orang-orang yang dengan jahat menuduh Daniel, dan mereka melemparkan mereka, anak-anak mereka dan istri-istri mereka ke dalam gua singa, dan mereka belum sampai ke dasar gua saat singa-singa itu menerkam dan meremukkan tulang-tulang mereka (Daniel 6:24). Setelah itu, Raja Darius menulis kepada semua orang, suku bangsa, dan orang dari segala bahasa yang berdiam di semua negeri dan mengizinkan mereka takut akan Allah dan menyingkapkan kepada mereka siapa Allah itu.

Dan raja mengatakan kepada mereka, *"Bertambah-tambahlah kiranya kesejahteraanmu! Bersama ini kuberikan perintah, bahwa di seluruh kerajaan yang kukuasai orang harus takut dan gentar kepada Allahnya Daniel, sebab Dialah Allah yang hidup, yang kekal untuk selama-lamanya; pemerintahan-Nya tidak akan binasa dan kekuasaan-Nya tidak akan berakhir. Dia melepaskan dan menolong, dan mengadakan tanda dan mujizat di langit dan di bumi, Dia yang telah melepaskan Daniel dari cengkaman singa-singa"* (Daniel 6:27-28).

Betapa besar kemenangan iman ini! Semua ini karena tidak ditemukan dosa dalam diri Daniel dan ia percaya sepenuhnya kepada Allah. Jika kita berjalan di dalam firman Allah dan tinggal di dalam kasih-Nya, tak peduli dalam kondisi dan situasi apa pun, Allah akan menyediakan jalan keluar bagi Anda dan membuat Anda berkemenangan.

3. Daniel, Pemenang Iman Luar Biasa

Iman seperti apa yang dimiliki Daniel sehingga ia bisa memberikan kemuliaan besar seperti itu kepada Allah? Mari kita melihat iman seperti apa yang dimiliki Daniel sehingga kita bisa mengatasi segala macam pencobaaan dan penderitaan dan menyingkapkan kemuliaan Allah yang hidup kepada banyak orang.

Yang pertama, Daniel tidak pernah mengkompromikan imannya dengan apa pun yang ada di dunia ini.
Ia berkuasa atas urusan umum negara itu sebagai salah seorang pejabat tinggi Babel, dan menyadari dengan baik bahwa ia akan dilemparkan ke gua singa jika ia melanggar surat larangan itu. Tapi ia tidak pernah mengikuti pikiran dan hikmat manusia. Ia tidak takut kepada orang yang telah bersekongkol melawan dia. Ia berlutut ke tanah dan berdoa kepada Allah seperti yang biasa ia lakukan sebelumnya. Jika saja ia mengikuti pikiran manusia, selama 30 hari ketika surat larangan itu berlaku ia akan berhenti berdoa kepada Allah atau berdoa di ruangan tersembunyi. Namun, Daniel, tidak melakukan keduanya. Ia sama sekali tidak menyayangkan nyawanya dan ia tidak kompromi dengan dunia. Ia hanya memelihara imannya dengan

kasihnya kepada Allah.

Singkat kata, itu karena ia memiliki iman kemartiran sehingga, walaupun ia tahu bahwa dokumen itu telah ditandatangani, ia memasuki rumahnya, dan di kamar atasnya ia memiliki jendela yang terbuka mengarah ke Yerusalem. Ia terus berlutut tiga kali sehari, berdoa dan mengucap syukur kepada Allah-Nya, seperti yang biasa ia lakukan sebelumnya.

Kedua, Daniel memiliki iman dimana ia tidak berhenti berdoa.

Ketika ia jatuh ke dalam situasi dimana ia harus bersiap untuk kematiannya, ia berdoa kepada Allah seperti biasanya. Ia tidak ingin melakukan dosa berhenti berdoa (1 Samuel 12:23).

Doa adalah nafas roh kita, jadi kita tidak boleh berhenti berdoa. Ketika pencobaan dan penderitaan mendatangi kita, kita harus berdoa, dan ketika kita berada dalam damai sejahtera, kita harus berdoa supaya kita tidak jatuh ke dalam pencobaan (Lukas 22:40). Karena ia tidak berhenti berdoa, maka Daniel bisa memelihara imannya dan mengatasi pencobaan.

Ketiga, Daniel memiliki iman dimana ia mengucap syukur dalam segala perkara.

Banyak bapa-bapa iman yang dituliskan di dalam Alkitab mengucap syukur dalam segala hal dengan iman karena mereka tahu bahwa merupakan iman sejati untuk mengucap syukur dalam segala keadaan. Ketika Daniel dilemparkan ke gua singa karena ia mengikuti hukum Allah, itu menjadi kemenangan iman. Bahkan sekalipun ia dimakan oleh singa-singa itu, ia akan berada di tangan Allah dan hidup di kerajaan Allah yang kekal. Tidak peduli apa akibatnya, tidak ada ketakutan di dalam dirinya. Jika seseorang sepenuhnya percaya akan surga, ia tidak takut akan kematian.

Bahkan sekalipun Daniel hidup damai sebagai penguasa di kerajaan itu setelah raja, itu hanyalah kehormatan sementara. Tapi jika ia memelihara imannya dan mati martir, ia akan diakui oleh Allah, diperlakukan sebagai pembesar di kerajaan surga dan hidup di dalam sinar kemuliaan kekal. Itulah sebabnya satu-satunya hal yang ia lakukan adalah mengucap syukur.

Keempat, Daniel tidak melakukan dosa. Ia memiliki iman yang ia ikuti dan melakukan firman Allah.

Dalam hal urusan pemerintahan tidak ada dasar untuk menuduh Daniel. Tidak ada jejak korupsi, kelalaian atau ketidakjujuran ditemukan di dalam dia. Betapa murni hidupnya.

Daniel tidak merasa menyesal dan tidak membenci raja yang telah memberikan perintah untuk melemparkannya ke dalam gua singa. Sebaliknya ia masih setia kepada raja hingga pada titik ia berbicara kepadanya dengan mengatakan, "Ya raja, kekallah hidupmu!" Jika ujian ini dialaminya karena ia telah berdosa, Allah tidak akan melindunginya. Tapi karena Daniel tidak berdosa, ia dilindungi oleh Allah.

Kelima, Daniel memiliki iman dimana ia hanya percaya sepenuhnya kepada Allah.

Jika kita takut akan Allah, sepenuhnya bersandar pada-Nya dan menaruh semua permasalahan kita di dalam tangan-Nya, Ia akan memecahkan semua masalah kita. Daniel sepenuhnya percaya kepada Allah dan benar-benar bersandar kepada-Nya. Jadi, ia tidak kompromi dengan dunia tapi memilih hukum Allah dan meminta pertolongan Allah. Allah melihat iman Daniel dan membuat segala hal bekerja untuk kebaikannya. Berkat ditambahkan pada berkat sehingga kemuliaan besar bisa dinaikkan kepada Allah.

Jika kita memiliki iman yang sama seperti Daniel, tak peduli apa pun pencobaan dan kesulitan yang kita hadapi, kita bisa mengatasinya, mengubahnya menjadi peluang-peluang berkat dan memberi kesaksian tentang Allah yang hidup. Iblis berkeliling mengaum-aum mencari seseorang untuk dimangsa. Jadi, kita harus melawan iblis dengan iman yang kuat dan hidup di dalam perlindungan Allah dengan memelihara dan menaati firman Allah.

Melalui pencobaan yang mendatangi kita dan berlangsung seketika lamanya, Allah akan melengkapi, meneguhkan, menguatkan dan mengokohkan Anda (1 Petrus 5:10). Semoga Anda memiliki iman yang sama seperti iman Daniel, berjalan bersama Allah sepanjang waktu, dan memulikan Allah, di dalam nama Yesus saya berdoa.

Bab 7

Allah Menyediakan Terlebih Dulu

Tetapi berserulah Malaikat TUHAN dari langit kepadanya:
"Abraham, Abraham." Sahutnya: "Ya, Tuhan."
Lalu ia berfirman,
"Jangan bunuh anak itu dan jangan kauapa-apakan dia,
sebab telah Kuketahui sekarang,
bahwa engkau takut akan Allah,
dan engkau tidak segan-segan
untuk menyerahkan anakmu yang tunggal kepada-Ku."
Lalu Abraham menoleh dan melihat seekor domba jantan
di belakangnya, yang tanduknya tersangkut dalam belukar.
Abraham mengambil domba itu,
lalu mengorbankannya sebagai korban bakaran pengganti anaknya.
Dan Abraham menamai tempat itu: "TUHAN menyediakan";
sebab itu sampai sekarang dikatakan orang:
"Di atas gunung TUHAN, akan disediakan."

Kejadian 22:11-14

Jehova-jireh! Betapa menggairahkan dan menyenangkan mendengarnya. Ini artinya bahwa Allah mempersiapkan segala sesuatu di muka. Kini banyak orang percaya di dalam Allah telah mendengar dan mengetahui bahwa Allah bekerja untuk kita, mempersiapkan bagi kita dan memimpin kita di muka. Tapi kebanyakan orang gagal untuk mengalami firman Allah ini dalam kehidupan percaya mereka.

Kata "Jehovah-jireh" adalah berkat, keadilan, dan pengharapan. Semua orang menginginkan dan merindukan hal-hal itu. Jika kita tidak menyadari jalan yang dirujuk oleh kata ini, kita tidak bisa memasuki jalan berkat. Jadi, saya ingin berbagi dengan Anda iman Abraham sebagai contoh orang yang menerima berkat "Jehova-jireh."

1. Abraham Menaruh Firman Allah Sebagai yang Utama di Atas Segalanya

Yesus berkata dalam Markus 12:30, *"Kasihilah Tuhan, Allahmu, dengan segenap hatimu dan dengan segenap jiwamu dan dengan segenap akal budimu dan dengan segenap kekuatanmu."* Sebagaimana digambarkan dalam Kejadian 22:11-14, Abraham mengasihi Allah hingga pada tingkat ia bisa berkomunikasi dengan Allah muka dengan muka, mengetahui kehendak Allah, dan menerima berkat Jehova-jireh. Anda harus menyadari bahwa sama sekali bukan suatu kebetulan ia menerima semua itu.

Abraham menempatkan Allah di atas segalanya, dan menganggap firman-Nya lebih berharga dari apa pun juga. Jadi, ia tidak mengikuti pikirannya sendiri dan ia selalu siap untuk menaati Allah. Karena ia benar di hadapan Allah dan tanpa kesalahan, jauh di dalam hatinya ia siap untuk menerima berkat.

Allah berkata kepada Abraham dalam Kejadian 12:1-3, *"Pergilah dari negerimu dan dari sanak saudaramu dan dari rumah bapamu ini ke negeri yang akan Kutunjukkan kepadamu; Aku akan membuat engkau menjadi bangsa yang besar, dan memberkati engkau serta membuat namamu masyhur; dan engkau akan menjadi berkat. Aku akan memberkati orang-orang yang memberkati engkau, dan mengutuk orang-orang yang mengutuk engkau, dan olehmu semua kaum di muka bumi akan mendapat berkat. Dan olehmu semua kaum di muka bumi akan mendapat berkat."*

Dalam situasi ini, jika Abraham menggunakan pikiran manusia, ia pasti akan sedikit bersusah hati ketika Allah menyuruhnya pergi meninggalkan negerinya, keluarganya, dan kediaman ayahnya. Tapi ia mengutamakan Allah Bapa, sang Pencipta. Dengan begitu ia bisa taat dan mengikuti kehendak Allah. Begitu pula, siapa pun bisa menaati Allah dengan sukacita jika ia sungguh-sungguh mengasihi Allah. Itu karena ia percaya bahwa Allah membuat segala sesuatu bekerja bagi kebaikannya.

Banyak bagian-bagian Alkitab yang menunjukkan kepada kita para bapa iman yang menganggap firman Allah sebagai yang utama dan berjalan menurut firman Allah. 1 Raja-Raja 19:20-

21 berkata, *"Lalu Elisa meninggalkan lembu itu dan berlari mengikuti Elia, katanya: 'Biarkanlah aku mencium ayahku dan ibuku dahulu, lalu aku akan mengikuti engkau.' Jawabnya kepadanya: 'Baiklah, pulang dahulu, dan ingatlah apa yang telah kuperbuat kepadamu.' Lalu berbaliklah ia dari pada Elia, ia mengambil pasangan lembu itu, menyembelihnya dan memasak dagingnya dengan bajak lembu itu sebagai kayu api; ia memberikan daging itu kepada orang-orangnya, kemudian makanlah mereka. Sesudah itu bersiaplah ia, lalu mengikuti Elia dan menjadi pelayannya."* Ketika Allah memanggil Elisa melalui Elia, ia segera meninggalkan segala sesuatu yang ia miliki dan mengikuti kehendak Allah.

Sama halnya dengan murid-murid Yesus. Ketika Yesus memanggil mereka, mereka segera mengikuti-Nya. Matius 4:18-22 berkata kepada kita, *"Dan ketika Yesus sedang berjalan menyusur danau Galilea, Ia melihat dua orang bersaudara, yaitu Simon yang disebut Petrus, dan Andreas, saudaranya. Mereka sedang menebarkan jala di danau, sebab mereka penjala ikan. Yesus berkata kepada mereka: 'Mari, ikutlah Aku, dan kamu akan Kujadikan penjala manusia.' Lalu merekapun segera meninggalkan jalanya dan mengikuti Dia. Dan setelah Yesus pergi dari sana, dilihat-Nya pula dua orang bersaudara, yaitu Yakobus anak Zebedeus dan Yohanes saudaranya, bersama ayah mereka, Zebedeus, sedang membereskan jala di dalam perahu. Yesus memanggil mereka. Dan mereka segera meninggalkan perahu serta ayahnya, lalu mengikuti Dia."*

Itulah sebabnya saya sungguh-sungguh mendorong Anda untuk memiliki iman dengan mana Anda bisa menaati apa pun kehendak Allah, dan untuk menganggap firman Allah sebagai yang utama sehingga Allah bisa bekerja untuk membawa segala kebaikan bagi Anda dengan kuasa-Nya.

2. Abraham Selalu Merespons, "Ya!"

Sesuai dengan firman Allah, Abraham meninggalkan negerinya, Haran, dan menuju tanah Kanaan. Tapi karena bencana kelaparan sangat hebat di negeri itu, ia harus pindah ke negeri Mesir (Kejadian 12:10). Ketika ia pindah ke sana, Abraham menyebut istrinya "adik" agar ia tidak dibunuh. Mengenai hal ini, sebagian berkata bahwa ia telah menipu orang disekelilingnya dengan mengatakan istrinya adalah adiknya karena ia takut dan ia pengecut. Namun pada kenyataannya ia tidak berbohong kepada mereka, melainkan hanya menggunakan pikiran manusia. Itu terbukti dengan fakta bahwa ketika ia diperintahkan untuk meninggalkan negerinya, ia taat tanpa takut. Jadi, tidak benar ia menipu mereka dengan mengatakan bahwa istrinya adalah adiknya karena ia pengecut. Ia melakukannya, tidak hanya karena sesungguhnya istrinya adalah salah satu sepupunya, tapi juga karena ia merasa lebih baik memanggilnya 'adik' daripada 'istri.'

Saat ia tinggal di Mesir, Abraham dimurnikan oleh Allah sehingga ia sepenuhnya bersandar kepada Allah dengan iman yang sempurna tanpa mengikuti hikmat dan pikiran manusia. Ia sudah siap untuk menaati, namun ada tersisa pikiran kedagingan yang belum dibuang di dalam dia. Melalui pencobaan ini Allah mengizinkan Firaun Mesir memperlakukan dia dengan baik. Allah memberikan kepada Abraham banyak berkat termasuk kambing domba, lembu sapi, keledai jantan, budak laki-laki dan perempuan, keledai betina dan unta.

Ini menceritakan kepada kita bahwa jika pencobaan datang atas kita karena kita tidak taat kita akan mengalami kesukaran, sedangkan jika pencobaan datang karena pikiran kedagingan yang belum kita buang, walaupun kita taat, Allah akan membuat segala sesuatu bekerja untuk kebaikan kita.

Pencobaan ini memungkinkan dia untuk berkata hanya "Amin" dan taat dalam segala hal, dan sesudah itu Allah memerintahkan dia untuk mempersembahkan anaknya yang yang tunggal Ishak sebagai korban bakaran. Kejadian 22:1 berbunyi, *"Setelah semuanya itu Allah mencoba Abraham. Ia berfirman kepadanya: 'Abraham,' lalu sahutnya: 'Ya, Tuhan.'"*

Ketika Ishak lahir, Abraham berumur 100 tahun dan istrinya, Sarah, berumur 90 tahun. Bagi orangtua itu mustahil untuk memiliki anak tapi hanya oleh karunia dan janji Allah, seorang anak dilahirkan bagi mereka dan bagi mereka anak itu dianggap lebih berharga dari apa pun juga. Sebagai tambahan, ia adalah benih janji Allah. Itulah sebabnya ia sangat tercengang saat Allah memintanya untuk mempersembahkan anaknya sebagai korban bakaran seperti seekor hewan. Itu di luar imajinasi manusia mana pun.

Namun karena Abraham percaya bahwa Allah mampu menghidupkan kembali anaknya dari kematian, ia bisa menaati perintah Allah (Ibrani 11:17-19). Dalam aspek lain, karena semua pikiran kedagingannya sudah dihancurkan, ia memiliki iman dimana ia bisa mempersembahkan anak tunggalnya Ishak sebagai korban bakaran.

Allah melihat iman Abraham ini dan mempersiapkan terlebih dulu seekor domba untuk korban bakaran sehingga Abraham tidak mengulurkan tangan untuk menyembelih anaknya. Abraham menemukan seekor domba yang tanduknya tersangkut dalam belukar dan mengambil domba itu dan mempersembahkannya sebagai korban bakaran menggantikan anaknya. Dan ia menamai tempat itu 'TUHAN Akan Menyediakan.'

Allah memuji Abraham atas imannya, dengan berkata dalam Kejadian 22:12, *"Sebab telah Kuketahui sekarang, bahwa engkau takut akan Allah, dan engkau tidak segan-segan untuk menyerahkan anakmu yang tunggal kepada-Ku,"* dan memberikan kepadanya janji berkat dalam ayat 17-18, *"Maka Aku akan memberkati engkau berlimpah-limpah dan membuat keturunanmu sangat banyak seperti bintang di langit dan seperti pasir di tepi laut, dan keturunanmu itu akan menduduki kota-kota musuhnya. Oleh keturunanmulah semua bangsa di bumi akan mendapat berkat, karena engkau mendengarkan firman-Ku."*

Sekalipun iman Anda belum mencapai tingkat iman Abraham, kadangkala Anda bisa mengalami berkat 'TUHAN Akan Menyediakan.' Saat Anda akan melakukan sesuatu, Anda dapati bahwa Allah telah mempersiapkannya. Hal itu mungkin karena hati Anda mencari Allah pada saat itu. Jika Anda bisa memiliki iman yang sama seperti iman Abraham dan sepenuhnya menaati Allah, Anda akan hidup dalam berkat 'TUHAN Akan Menyediakan' dimana pun dan kapan pun, betapa luar biasa hidup di dalam Kristus.

Agar Anda menerima berkat Jehova-jireh, 'TUHAN Akan Menyediakan,' Anda harus berkata "Amin" terhadap apa pun perintah Allah, dan hanya berjalan menurut kehendak Allah tanpa memaksakan pikiran Anda sama sekali. Anda harus memperoleh penghargaan itu dari Allah. Itulah sebabnya Allah dengan jelas mengatakan kepada kita bahwa ketaatan lebih baik daripada korban bakaran dan korban sembelihan (1 Samuel 15:22).

Yesus hadir dalam rupa Allah, namun Ia tidak menganggap kesetaraan dengan Allah itu sebagai milik yang harus dipertahankan, melainkan telah mengosongkan diri-Nya sendiri, dan mengambil rupa seorang hamba, dan menjadi sama dengan manusia. Ia telah merendahkan diri-Nya dan taat sampai mati (Filipi 2:6-8). Dan mengenai ketaatan-Nya yang penuh, 2 Korintus 1:19-20 berkata, *"Karena Yesus Kristus, Anak Allah, yang telah kami beritakan di tengah-tengah kamu, yaitu olehku dan oleh Silwanus dan Timotius, bukanlah "ya" dan "tidak", tetapi sebaliknya di dalam Dia hanya ada "ya." Sebab Kristus adalah "ya" bagi semua janji Allah. Itulah sebabnya oleh Dia kita mengatakan "Amin" untuk memuliakan Allah."*

Karena Anak Allah yang tunggal hanya berkata "Ya," kita harus tanpa ragu berkata "Amin" terhadap firman Allah dan memuliakan Dia dengan menerima berkat 'TUHAN Akan Menyediakan.'

3. Abraham Mengejar Perdamaian dan Kekudusan dalam Segala Hal

Karena Ia mengutamakan firman Allah di atas segalanya, dan mengasihi-Nya di atas segalanya, Abraham hanya berkata "Amin" tehadap firman Allah dan taat sepenuhnya sehingga ia berkenan kepada Allah.

Sebagai tambahan, ia dikuduskan seutuhnya dan selalu mencari perdamaian dengan semua orang di sekitarnya sehingga ia bisa memperoleh penghargaan dari Allah.

Dalam Kejadian 13:8-9 ia berkata kepada keponakannya

Lot, *"Janganlah kiranya ada perkelahian antara engkau dan aku, dan antara para gembalaku dan para gembalamu, sebab kita ini kerabat. Bukankah seluruh negeri ini terbuka untuk engkau? Baiklah pisahkanlah dirimu dari padaku; jika engkau ke kiri, maka aku ke kanan; atau jika engkau ke kanan, maka aku akan ke kiri."*

Ia lebih tua dari Lot, namun ia memberikan pilihan terhadap negeri itu kepada Lot untuk berdamai dan mengorbankan dirinya sendiri. Itu karena ia tidak mencari keuntungannya sendiri melainkan keuntungan orang lain di dalam kasih rohani. Demikian pula, jika Anda hidup dalam kebenaran, Anda tidak boleh bertengkar atau mementingkan diri Anda sendiri agar bisa berdamai dengan semua orang.

Dalam Kejadian 14:12, 16, kita temukan bahwa ketika Abraham mendengar bahwa keponakannya Lot telah ditawan, dikerahkannyalah orang-orangnya yang terlatih, yakni mereka yang lahir di rumahnya, 318 orang banyaknya, lalu pergi mengejar dan membawa kembali segala harta bendanya, dan juga membawa kembali anak saudaranya Lot beserta seluruh miliknya, dan juga perempuan-perempuan,d an orang-orangnya. Dan karena ia sepenuhnya saleh dan berjalan di jalan yang benar, ia memberikan kepada Melkisedek, raja Salem, sepersepuluh dari semua rampasan yang diperuntukkan bagi Dia, dan mengembalikan sisanya kepada raja Sodom dengan berkata, *"Aku tidak akan mengambil apa-apa dari kepunyaanmu itu, sepotong benang atau tali kasutpun tidak, supaya engkau jangan dapat berkata: Aku telah membuat Abram menjadi kaya"* (ayat 23). Dengan demikian, Abraham tidak hanya mengejar perdamaian dalam segala perkara namun ia juga berjalan di jalan yang jujur dan saleh.

Ibrani 12:14 berkata, *"Berusahalah hidup damai dengan semua orang dan kejarlah kekudusan, sebab tanpa kekudusan tidak seorangpun akan melihat Tuhan."* Saya sungguh-sungguh mendorong Anda untuk menyadari bahwa Abraham bisa menerima berkat Jehova-jireh, 'TUHAN Akan Menyediakan', karena ia mengejar perdamaian dengan semua orang dan menyempurnakan pengudusan. Saya juga mendorong Anda untuk menjadi orang seperti dia.

4. Mempercayai Kuasa Allah Sang Pencipta

Untuk menerima berkat 'TUHAN Akan Menyediakan,' kita harus percaya pada kuasa Allah. Ibrani 11:17-19 mengajari kita, *"Karena iman maka Abraham, tatkala ia dicobai, mempersembahkan Ishak. Ia, yang telah menerima janji itu, rela mempersembahkan anaknya yang tunggal, walaupun kepadanya telah dikatakan: 'Keturunan yang berasal dari Ishaklah yang akan disebut keturunanmu.' Karena ia berpikir, bahwa Allah berkuasa membangkitkan orang-orang sekalipun dari antara orang mati. Dan dari sana ia seakan-akan telah menerimanya kembali."* Abraham percaya kuasa Allah sang

Pencipta akan mampu membuat segalanya mungkin, sehingga ia bisa menaati Allah tanpa mengikuti pikiran manusia dan kedagingan apa pun.

Apa yang akan Anda lakukan jika Allah memerintahkan Anda untuk mempersembahkan anak tunggal Anda sebagai korban bakaran? Jika Anda percaya pada kuasa Allah dimana bagi-Nya tidak ada yang mustahil, maka tak peduli betapa tidak masuk akalnya hal itu, Anda akan bisa menaatinya. Sehingga Anda akan bisa menerima berkat 'TUHAN Akan Menyediakan.'

Karena kuasa Allah tidak terbatas, Ia mempersiapkan di muka, menyelesaikan dan mengganjar kita dengan berkat-berkat jika kita benar-benar taat tanpa pikiran kedagingan apa pun seperti Abraham. Jika kita memiliki sesuatu yang kita cintai lebih dari Allah atau berkata "Amin" hanya terhadap hal-hal yang sesuai dengan teori dan pikiran kita, kita tidak akan pernah menerima berkat 'TUHAN Akan Menyediakan.'

Dan sebagaimana dikatakan dalam 2 Korintus 10:5, *"Kami mematahkan setiap siasat orang dan merubuhkan setiap kubu yang dibangun oleh keangkuhan manusia untuk menentang pengenalan akan Allah. Kami menawan segala pikiran dan menaklukkannya kepada Kristus,"* untuk memperoleh dan mengalami berkat 'TUHAN Akan Menyediakan,' kita harus membuang segala macam pikiran manusia dan memiliki iman rohani dimana kita bisa berkata "Amin." Jika Musa tidak memiliki iman rohani, bagaimana ia bisa membelah dua Laut Merah? Tanpa iman rohani, bagaimana bisa Yosua menghancurkan kota Yerikho?

Jika Anda hanya menaati hal-hal yang selaras dengan pengetahuan dan pikiran Anda sendiri, itu tidak bisa disebut ketaatan rohani. Allah menciptakan sesuatu dari ketiadaan, jadi bagaimana bisa kuasa-Nya sama dengan pengetahuan dan kekuatan manusia yang menciptakan sesuatu dari sesuatu?

Matius 5:39-44 berbunyi sebagai berikut. *"Tetapi Aku berkata kepadamu: Janganlah kamu melawan orang yang berbuat jahat kepadamu, melainkan siapapun yang menampar pipi kananmu, berilah juga kepadanya pipi kirimu. Dan kepada orang yang hendak mengadukan engkau karena mengingini bajumu, serahkanlah juga jubahmu. Dan siapapun yang memaksa engkau berjalan sejauh satu mil, berjalanlah bersama dia sejauh dua mil. Berilah kepada orang yang meminta kepadamu dan janganlah menolak orang yang mau meminjam dari padamu. Kamu telah mendengar firman: Kasihilah sesamamu manusia dan bencilah musuhmu. Tetapi Aku berkata kepadamu: Kasihilah musuhmu dan berdoalah bagi mereka yang menganiaya kamu."*

Seberapa beda firman kebenaran Allah ini dari pengetahuan dan pikiran kita? Itulah sebabnya saya mendorong Anda untuk mengingat bahwa jika Anda berusaha berkata "Amin" hanya pada apa yang sesuai dengan pikiran Anda, Anda tidak bisa mewujudkan kerajaan Allah dan menerima berkat berkat Jehova-jireh, 'TUHAN Akan Menyediakan.'

Bahkan jika Anda telah mengakui iman kepada Allah Yang Mahakuasa, apakah Anda pernah mengalami masalah, kecemasan dan kekuatiran saat menghadapi masalah? Jika demikian, maka itu tidak bisa dianggap sebagai iman sejati. Jika Anda memiliki iman sejati, Anda harus mempercayai kuasa Allah dan menyerahkan masalah apa pun ke dalam tangan-Nya dengan sukacita dan pengucapan syukur.

Semoga masing-masing Anda mengutamakan Allah, menjadi cukup taat untuk hanya berkata "Amin" terhadap semua firman Allah, mengejar perdamaian dengan semua orang di dalam kekudusan, dan percaya pada kuasa Allah yang mampu menghidupkan kembali orang mati sehingga Anda bisa menerima dan menikmati berkat "TUHAN Akan Menyediakan", di dalam nama Yesus Kristus saya berdoa.

Penulis:
Dr. Jaerock Lee

Dr. Jaerock Lee dilahirkan di Muan, Propinsi Jeonnam, Republik Korea, pada tahun 1943. Pada umur dua puluhan, Dr. Lee menderita berbagai penyakit yang tidak tersembuhkan selama tujuh tahun dan menunggu kematian tanpa ada harapan untuk pulih. Pada suatu hari di musim semi tahun 1974, ia dibawa ke gereja oleh saudara perempuannya dan saat ia berlutut untuk berdoa, Allah yang Hidup menyembuhkannya dari semua penyakit.

Mulai saat itu Dr. Lee bertemu dengan Allah yang Hidup melalui pengalaman yang menakjubkan itu, ia telah mengasihi Allah dengan segenap hati dan keikhlasan, dan pada tahun 1978 ia dipanggil untuk menjadi pelayan Allah. Ia berdoa dengan sangat tekun dengan doa puasa sehingga ia dapat memahami kehendak Allah dan melakukan sepenuhnya, dan menaati semua Firman Allah. Pada tahun 1982, ia mendirikan Gereja Pusat Manmin di Seoul, Korea, dan tidak terhitung banyaknya pekerjaan Allah, termasuk penyembuhan mukjizat dan keajaiban, telah terjadi di gerejanya.

Pada tahun 1986, Dr. Lee ditahbiskan sebagai pendeta pada Pertemuan Tahunan dari Gereja Sungkyul Yesus di Korea, dan empat tahun kemudian yaitu pada tahun 1990, khotbahnya mulai disiarkan ke Australia, Rusia, Filipina, dan banyak negara lain melalui Far East Broadcasting Company, Asia Broadcast Station, dan Washington Christian Radio System.

Tiga tahun kemudian yaitu pada tahun 1993, Gereja Pusat Manmin dipilih sebagai satu dari "50 Gereja Terkemuka Dunia" oleh majalah *Christian World* (AS) dan ia menerima Doktor Kehormatan Teologia dari Christian Faith College, Florida, AS, dan pada tahun 1996 sebuah gelar Ph.D dalam Pelayanan dari Kingsway Theological Seminary, Iowa, AS.

Sejak tahun 1993, Dr. Lee telah memimpin misi dunia melalui banyak Kebaktian Kebangunan Rohani (KKR) luar negeri di Tanzania, Argentina, L.A., Baltimore City, Hawaii, dan New York di Amerika Serikat, Uganda, Jepang, Pakistan, Kenya, Filipina, Honduras, India, Rusia, Jerman, Peru, Republik Demokrasi Kongo, Israel dan Estonia.

Pada tahun 2002, ia disebut "pembangun rohani seluruh dunia" oleh koran-koran Kristen utama di Korea untuk pekerjaannya dalam berbagai KKR di luar negeri. Khususnya, "KKR New York tahun 2006" yang dia adakan di Madison Square Garden, arena yang sangat terkenal di dunia, disiarkan ke 220 negara, dan juga "KKR Israel Bersatu tahun 2009" yang diadakan di International Convention Center di Yerusalem di mana dia dengan tegas memproklamirkan bahwa Yesus Kristus adalah Mesias dan Juru Selamat. Kotbahnya disiarkan ke 176 negara via satelit termasuk GCN TV dan dia dimasukkan dalam daftar Top 10 Pemimpin Kristen Paling Berpengaruh pada tahun 2009 dan 2010 oleh majalah populer Rusia *In Victory* dan agensi *Christian Telegraph* karena pelayanan siaran TV dan pelayanan penggembalaan gereja luar negerinya yang berkuasa.

Pada bulan Oktober 2018, Gereja Manmin Pusat memiliki kongregasi dengan jumlah jemaat lebih dari 130.000 orang. Ada 11.000 gereja cabang di seluruh dunia termasuk 56 cabang gereja domestik, dan sejauh ini telah mengirimkan lebih dari 98 misionaris ke 26 negara, termasuk Amerika Serikat, Rusia, Jerman, Kanada, Jepang, Cina, Perancis, India, Kenya, dan banyak lagi.

Hingga tanggal penerbitan buku ini, Dr. Lee telah menulis 112 buku, termasuk bestseller *Merasakan Kehidupan Kekal Sebelum Kematian, Hidupku Imanku I & II, Pesan Salib, Ukuran Iman, Sorga I & II, Neraka,* dan *Kuasa Allah*. Tulisan-tulisannya telah diterjemahkan ke dalam lebih dari 76 bahasa.

Kolom-kolom Kristennya muncul pada *The Hankook Ilbo, The JoongAng Daily, The Chosun Ilbo, The Dong-A Ilbo, The Seoul Shinmun, The Hankyoreh Shinmun, The Kyunghyang Shinmun, The Korea Economic Daily, The Shisa News,* dan *The Christian Press*.

Saat ini Dr. Lee adalah pemimpin dari banyak organisasi dan asosiasi misi termasuk: Termasuk Ketua dari The United Holiness Church of Jesus Christ, Persiden Tetap dari The World Christianity Revival Mission Association; Pendiri dan Ketua Dewan dari Global Christian Network (GCN), Pendiri dan Ketua Dewan dari The World Christian Doctors Network (WCDN), serta Pendiri dan Ketua Dewan dari Manmin International Seminary (MIS).

Buku-buku penuh kuasa lainnya dari penulis yang sama

Sorga I & II

Sketsa mendetil tentang indahnya lingkungan hidup yang dinikmati oleh warga sorga pada tingkat kelima kerajaan sorga.

Pesan Salib

Pesan kebangunan penuh kuasa bagi semua orang yang tertidur secara rohani Di dalam buku ini Anda akan menemukan kasih sejati Allah dan mengapa Yesus menjadi satu-satunya Juru Selamat.

Neraka

Sebuah pesan yang sungguh-sungguh kepada seluruh umat manusia dari Allah yang tidak ingin satu jiwa pun jatuh ke kedalaman neraka! Anda akan menemukan penjelasan yang belum pernah terungkap sebelumnya mengenai kenyataan kejam tentang Hades dan neraka.

Roh, Jiwa, dan Tubuh I & II

Sebuah buku panduan yang memberi kita pengertian rohani tentang roh, jiwa, dan tubuh dan membantu kita mencaritahu 'diri' seperti apa yang telah kita buat supaya kita dapat memperoleh kuasa untuk mengalahkan kegelapan dan menjadi manusia rohani.

Ukuran Iman

Tempat tinggal seperti apakah, serta mahkota dan upah yang bagaimana yang disediakan bagi Anda di surga? Buku ini memberikan dengan hikmat dan bimbingan bagi Anda untuk mengukur iman Anda dan menanam iman yang terbaik dan paling dewasa.

Bangunlah, Israel!

Mengapa Allah menujukan mata-Nya kepada Israel mulai sejak permulaan dunia sampai hari ini? Apa saja jenis pemeliharaan-Nya yang telah disiapkan untuk Israel di hari-hari terakhir tersebut, yang menantikan akan Mesias?

Hidupku, Imanku I & II

Sebuah aroma spriritual yang menarik dari kehidupan yang mekar dengan kasih tak ada bandingannya kepada Allah, di tengah-tengah gelombang kegelapan, kuk yang dingin dan keputusasaan yang terdalam.

Kuasa Allah

Sebuah bacaan wajib yang menjadi panduan penting tentang bagaimana seseorang dapat memiliki iman sejati dan mengalami kuasa Allah yang ajaib.

---

www.urimbooks.com

www.ingramcontent.com/pod-product-compliance
Lightning Source LLC
LaVergne TN
LVHW092052060526
838201LV00047B/1350